生命的主人：

家庭教育幸福课

主　编◇李章红　王惠冰
副主编◇盛兴兰　何自容

重庆大学出版社

编委会

主　编　李章红　王惠冰

副主编　盛兴兰　何自容

参　编　张兴瑜　杨益梅　王明月　吴晓丽

郭　慧　唐　敏　李　平　陈　玲

冉妍婷　赵　虹　李　瑛　李　静

屈李苗　段　宇　韦　强

推荐序

莎士比亚曾说："摇动摇篮的手，是推动世界的手。"从一个人接受教育并形成对世界的认识过程来看，家庭教育是一个人接受得最早、时间最长、影响最深的教育。家庭教育是一个人终身教育的基础，也是学校教育与社会教育的基础。蒙田也曾说过，世界上最伟大的事，是一个人懂得如何做自己生命的主人。养育是爱的事业，亦是有缺憾的艺术。什么样的家庭教育才是成功的？同时，什么样的人生才是幸福的呢？

李章红和王惠冰老师的《生命的主人：家庭教育幸福课》，分为心理知识、自我调适和亲子沟通三章，涉及心理健康、助力家长自我情绪调控、提升幸福感和生活满意度、培养积极乐观的品格和促进家庭成员间积极沟通等，通过"现象探索""理论解读"和"策略应对"的内容布局形式，有针对性地帮助读者更好地理解所呈现的知识，运用心理学方法帮助家庭、自己和孩子幸福成长。

首先，通过课程学习，家长可以了解孩子身心发展的规律和适合自己的家庭教养方式，知道常见的焦虑症、抑郁症和强迫症的表现及应对策略，同时理解生命的意义和学会爱的表达，更好地爱自己和孩子。

其次，通过课程学习，家长可以掌握情绪和压力管理的技巧，调整不合理的观念，把创伤转变成资源，使用积极的语言，去工作、去爱、去感受生命的意义和成就。

最后，通过课程学习，家长可以了解家庭沟通技巧，通过倾听与沟通，更好地理解孩子内心的需求，把握自己和孩子的优势，提高孩子的自信心，增进亲子关系，管理好时间，实现美好人生。

书中每一节都用契合主题内容的小诗引入，富有诗意和哲理的语言给人带来赏心悦目、沁人心脾的舒适感，诗和主题的紧密结合与恰到好处地表达本身就是一种积极的心理教育。“生命的主人：家庭教育幸福课”是一门非常实用的课程，适合所有热爱教育工作和积极传播、推广心理健康理念的人士，以及家庭教育工作者学习参考，也适合每位想成为更好的家长、更好的自己的人阅读。

生命很美好，也很绚烂，愿我们每个人都能做自己生命的主人，绽放生命花朵的美丽。

清华大学社会科学学院积极心理学研究中心主任：[签名]

2024 年 2 月 12 日

前 言

《中华人民共和国家庭教育促进法》的实施，对培育积极健康的家庭文化、树立和传承优良家风、弘扬中华民族家庭美德、建设法治中国、规范人们的行为、保护公民的合法权益有着重要意义。我们都来自某个特定的家庭，都感受过家庭带给我们的悲伤、快乐、温暖或烦忧，都希望家是幸福的避风港。家庭教育是全体社会成员共同的使命担当，是人生教育的开端，是未成年人健康成长和家庭幸福安宁的保障，是国家发展、民族进步、社会稳定的基础。幸福是一种主观感受，是一种能够长期存在的平和、舒畅的状态，是人们对美好生活的一种向往和评价，是可以通过自己的认知调整、能力提升和心态调适来达到的精神富足状态。

家庭幸福、个人发展与青少年心理健康是全社会普遍关注的话题，每个人获得更好的发展是个体人生价值与意义的体现，也是国家发展的重要责任。人生的每个阶段都很宝贵和值得珍惜，人的成长是一辈子的大方案和大学习。我们充满爱意地希望提供科学、前沿、系统的家庭教育知识和心理健康知识，发展家庭成员对生命负责的能力，做最大的努力和成为更好的自己，有更好的选择和更自在幸福的人生。在编写过程中，我们尽量考虑语言的通俗性、生动性、科学性和策略的可操作性。通过“家庭教育幸福课”的设计与实施，期望拿到此书的老师可以结合自己的丰富经验开展更多的家庭教育讲座与心理健康知识普及，让更多的学生和家长受益。希望拿到此书的家长能掌握科学的心理健康知识，探索适合自己的家庭教育方式，建立和谐的亲子关系，促进孩子的心理健康和幸福成长。同时，也希望家长能够通过学习了解自我，化解自身遇到的心理困扰，调适自己的压力与情绪，活出全新的自我，成为自己生命的专家与主人。

全书共分为三章，每一章包含8节内容，每一节内容由“现象探索”“理论解读”和“策略应对”三部分组成。第一章为心理知识。第一节是身心有规律，主要讲儿童青少年身心发展受到影响可能会出现的心理问题，儿童心理发展的相关理论以及不同年龄段孩子的策略应对。第二节是教养讲方式，主要讲不同教养方式下孩子的表现、教养方式的理论解读以及有效的家庭教养策略。第三节是问题能应对，主要讲常见的焦虑症、抑郁症和强迫症的识别与应对。第四节是网络可利用，主要讲网络对人的影响、网络成瘾的原因、症状表现以及如何预防和应对网络成瘾。第五节是生命需珍爱，主要讲什么是生命和生命周期，如何应对自杀和疾病等风险。第六节是性侵要预防，主要讲性侵对人的影响、性侵的知识、如何预防和应对性侵，以及如何保护自己。第七节是爱情何相待，主要讲爱情的表现、什么是爱情、爱情的类型以及如何帮助自己的婚姻更加幸福美满。第八节是爱需予支持，主要讲爱的表达、爱的语言、爱的能力和如何提升爱的能力。

第二章为自我调适。第一节是情绪能接纳，主要讲情绪的分类、情绪的作用以及如何管理好自己的情绪。第二节是压力可转化，主要讲压力是什么、压力与效率以及如何应对压力。第三节是语言有力量，主要讲消极语言、语言暴力对人的影响，以及如何使用积极语言创造更美好的未来。第四节是认知可灵活，主要讲不合理认知对人的影响、如何培养成长思维、多角度思考和保持学习的状态。第五节是创伤变资源，主要讲心理创伤的影响，治愈心理创伤的解离技术、感官接地技术和认知接地技术。第六节是生命有意义，主要讲生命包含的意义、探寻生命的意义和如何预防生命无意义感。第七节是我做即我爱，主要讲职业兴趣和动力、职业能力和意义、职业价值感和意义感，如何应对生命无意义感。第八节是我会即我成，主要讲如何热爱工作、积极成就，如何积极调适、找寻幸福，如何提升心理韧性和如何找准定位。

第三章为亲子沟通。第一节是倾听有方，主要讲什么是无效倾听和积极倾听、倾听的意义、积极倾听的原则和方法。第二节是沟通有道，主要讲沟通及其意义、暴力沟通对非暴力沟通，如何有效地沟通。第三节是叛逆有因，主要讲叛逆的原因，如何与叛逆期孩子相处。第四节是知情达意，主要讲如何通过问题行为表现看到孩子内在的心理需要和情感诉求。第五节是赞美有术，主要讲赞美的意义，有效赞美的价值，赞美的原则、公式和方式。第六节是优势可明，主要讲如何挖掘孩子的优势。第七节是用好时间，主要讲时间管理的法则和如何管理时间。第八节是谋好人生，主要讲生涯规划是什么、生涯规划的重要性和如何进行生涯规划。

本书由李章红、王惠冰任主编，由盛兴兰、何自容任副主编，负责全书章节、体例设计。由李章红、盛兴兰完成收集稿件、组织会议、编写样章等工作，书稿撰写完成后，由李章红最终审定。本书是集体智慧的结晶，参与编写人员为：李章红、王惠冰、盛兴兰、何自容、张兴瑜、杨益梅、王明月、吴晓丽、郭慧、唐敏、李平、陈玲、冉妍婷、赵虹、李瑛、李静、屈李苗、段宇、韦强。

我们带着好奇与期待倾听家庭的故事，了解家庭教育的现状，更新一种教育理念，创建一个新的家庭教育观，成就一种美好的教育幸福。我们带着问题与希望从独特的家庭中走来，看见家庭中的问题感伤与温馨鼓舞；我们从不完美的家庭中滋生新奇的力量，去接纳所有不期而遇的变化。真诚期待我们都能够“历尽千帆仍值得，步履所至皆繁花”。本书能够成稿，要特别感谢陆军军医大学医学心理系冯正直教授的悉心指导，感谢西南大学汤永隆教授的倾心相授，感谢重庆师范大学胡朝兵导师的真心教导，感谢家人与朋友对我的关爱与理解，更要感谢努力克服艰辛且愿意同路前行的编委伙伴们！

本书旨在为每一个家庭中的成员提供可参考、可温暖、可营养生命的文字，希望每一个家庭都能成为孩子成长的温馨港湾，希望每一个心灵都得以成长，希望每一个生命都发现自己的成长点和潜力，可以更自主、更有动力、更积极地去探索和体验未来，勇敢创造属于自己的幸福。编写本书时我们参考了大量优秀期刊和著作资料，并尽最大可能地标明各资料的来源和出处，由于资料收集的渠道繁杂广泛，可能会有所疏漏。如果在阅读本书过程中，你发现了有未标明来源的资料，我们对资料作者致以万分的感谢并表示真诚的歉意。最后，在这个充满希望的世界里，愿生活赐予你智慧和勇气，一路向前。

李章红

2024 年 2 月 7 日于重庆荣昌

目 录

CONTENTS

第一章　心理知识

德国教育家、现代学前教育的鼻祖福禄贝尔在他著名的教育论著《人的教育》中说：“人的整个未来生活，直到他离开人间的时刻，其根源全在于这一生命阶段，不管这未来生活是纯洁的还是污浊的，是温和的还是粗暴的……主要取决于他在这一年龄阶段的生活方式。假如儿童在这一年龄阶段遭到损害，假如存在于他身上的、他的未来的生命之树的胚芽遭到损害，那么他必须付出最大的艰辛和最大的努力才能成长为强健的人。”

所以，关注家庭教育最重要的就是关注孩子童年期的成长。

美国心理学家、行为主义心理学创始人华生说：“给我一打健康的婴儿，以及适合我培育他们的环境，我就能把他们训练成任何我想要的样子，让他们成为医生、律师、艺术家、企业家，甚至乞丐或小偷。”虽然华生的环境决定论有所夸大，但“孟母三迁”的故事告诉我们环境对儿童身心健康成长起着重要作用。

无论是对孩子身心发展规律的了解，还是给孩子身心发展创设良好的家庭氛围，都需要父母不断学习成长。唯有如此，父母才有能量去滋养孩子，才能高质量地陪伴孩子成长，才会潜移默化地影响孩子，因为“言传不如身教”。

本章主要从身心有规律、教养讲方式、问题能识别、网络可利用、生命需珍爱、性侵要预防、爱情何相待、爱需予支持八个方面进行讲解。让我们从多方面了解心理学的理论、方法策略，助力自己成长，共建美好家园。

第一节　身心有规律

披满阳光
去有你的地方
青春风雨的旋律
在理解与陪伴中舞蹈
你的成长，我的爱
正在盛开

美国心理学家萨提亚在《爱的法则》中写道："如果你爱我，请你爱我之前先爱你自己，爱我的同时也爱着你自己。你若不爱你自己，你便无法来爱我，这是爱的法则。因为，你不可能给出你没有的东西。"父母爱孩子，要先爱自己，父母只有自己不断学习成长，才有能量去滋养孩子。千万不要只顾养育孩子而放弃自己的成长，你的成长会自然而然、潜移默化地影响孩子，因为"言教不如身教"。孩子的起点，正是父母的肩膀。让我们从了解人的身心发展规律开启学习之旅吧。

一个人身上所产生的心理障碍与他成长过程中心理需要未被满足有密切的关系。

◎现象探索

1. 安全感缺乏

有的人在个性特征上表现为：异乎寻常地害怕被遗弃；拼命地寻找一个依赖的对象；需要别人照顾；无法信任他人。他们在心理状态上表现为：竭力维持毁灭性的感情关系，而且展示出偏执狂的倾向，如暴饮暴食或过分地需要别人的夸奖。

这个现象的发生与孩子在0~1岁时的需要未能从家长那里得到满足有关。在0~1岁的时候，孩子最需要发展的就是一种信任关系。孩子需要在肚子饿的时候被喂食，受惊或哭泣时被拥抱，从而感受到自己的重要性及家长的爱。如果在此阶段孩子的需要得到满足，孩子会觉得生长在一个安全的地方，长大后会是一个开朗并信任别人的人；反之，孩子长大后就可能形成上述异常的个性特征并出现那样的心理障碍。

2. 顺从性过多

有的人在个性特征上表现为：经常觉得自卑、无用及不可爱；不相信自己在世界上有存在的理由；觉得离开别人自己就活不下去了；觉得自己生存的权利取决于自己对别人的重要性；有冲突总是先道歉。他们在心理状态上表现为：不知道自己真正需要些什么，不能拒绝别人的要求，害怕有新的经验，害怕面对别人的愤怒。

这个现象的发生与孩子在2~3岁时的需要未能从家长那里得到满足有关。这一阶段的孩子开始学习如何控制自己的生理机能及注意到身体的能力和限制。如果在这一个阶段孩子的需要得到满足，他会获得充满自主能力的感觉；如果孩子在这一个成长阶段中得不到鼓励或受到恶意的批评、嘲笑，尤其是在他尝试学习控制大小便的过程中，他很容易就会产生害羞及惭愧的感觉。

3. 主动性不够

有的人在个性特征上表现为：害怕犯错；感到无助及内疚；只懂得安慰别人，而不会照顾自己的情绪；回避风险；隐瞒错误。他们在心理状态上表现为：不能认识或表达内心的感受；害怕说出内心的事情；对感情关系背负过分的责任；不断地去讨好别人。

这个现象的发生与孩子在4~5岁时的需要未能从家长那里得到满足有关。这个阶段的孩子喜欢幻想、创造及按照自己的主意行事，需要发展出主动性。若在这一阶段孩子的需要得到满足，得到家长的支持，他会说出他的想法，表达他的情绪，并且会发展出一颗健康的好奇心；反之因他做出新的尝试，父母就处罚他，他会觉得内疚，有犯罪感，因而停止他的主动性，或许会秘密地做，长大以后就可能表现出那样的个性特征和心理障碍。

4. 自卑感严重

有的人在个性特征上表现为：避免参与任何的竞赛或极度喜欢与别人竞争；觉得不安全及不如别人；对自己或别人吹毛求疵。他们在心理状态上表现为：凡事要求完美；经常拖延及耽搁；不知如何达成目标。

这个现象的发生与孩子在6~11岁时的需要未能从家长那里得到满足有关。这个阶段的孩子会开始与别人竞争与比较，如果老师和家长鼓励孩子学习，孩子将会受到激励而变得有活力。反之，如果家长未能满足孩子的这种需要，经常严厉地批评或忽视孩子，孩子会不信任自己，或者不会自觉地做事，他会产生不配做某件事或不及别人的感觉。于是，长大以后就可能形成上述那样的个性特征和心理障碍。

5. 自我意识混乱

有的人在个性特征上表现为：不正确地表现出青春期的行为；对自己的人生角色感到矛盾，不能客观地看待自己；不能订立人生目标；依靠情感关系或事业成就去肯定自己。他们在心理状态上表现为：需要不断地谈恋爱；需要凭拥有的东西、认识多少人及工作成就去确定自己的人生角色。

这个现象的发生与孩子在12~21岁时的需要未能从家长那里得到满足有关。这个阶段的孩子希望找到与这个世界相处的方式；接受自己身体、生理上的变化；界定自己对异性的身份；确定在同性和同辈里的身份；找到人生应该怎么过的答案。如果父母容许孩子去探索自己的梦想、感觉及尝试新的方向，他会发展成为一个接纳自己的人。反之，他们会形成反叛的个性，或者变成一个轻浮的人，长大以后就可能形成上述那样的个性特征与心理障碍。

一个人个性的形成和成人后心理障碍的产生与他在人生不同阶段的主题成长需要是否得到满足有关。

◎理论解读

身心发展规律是孩子在成长过程中，他们的身体、认知、情感、社交等方面的发展规律。孩子的身心发展规律有以下四个特点：一是顺序性，比如孩子先发展头和躯干，然后是四肢，再比如长辈们常说的婴儿行为表顺口溜“三翻六坐七滚八爬”等；二是阶段性，孩子的发展是分阶段的连续的过程，前一个阶段通常为后一阶段的过渡做准备；三是不平衡性，孩子身心发展速度在不同年龄阶段是不同的，比如说孩子的两个生长高峰期主要集中于胎儿期和青春期，即使在同一年龄阶段，不同方面的发展速度也是不同的；四是个体差异性，每个孩子发展的速度是不同的，比如有的孩子说话早，有的孩子说话稍晚。

儿童心理发展的相关理论主要包括以下几种。

1. 弗洛伊德的心理发展阶段说

弗洛伊德提出了心理发展的五个阶段与主要特征。（1）口唇期（0~1 岁）。从出生到六个月，儿童的世界是无对象的，他们还没有关于现实存在的人和物的概念，仅仅是渴望得到快乐舒适的感觉，没有认识到其他人对他而言是分离且存在的。约在六个月的时候，儿童开始发展关于他人的概念，当亲近的人（如母亲）离开的时候，他就会焦虑不安。（2）肛门期（1~3 岁）。儿童的兴趣集中在肛门区域。例如排便时产生肛门区域黏膜上的愉快感觉，或以排泄为快乐，以抹粪或玩弄粪便而感到满足。（3）性器期（3~6 岁）。在这一个阶段男孩出现恋母情结，女孩产生恋父情结，儿童开始依恋异性父母。（4）潜伏期（6~11 岁）。儿童呈现一种停滞的和退化的现象。这个时期，儿童对口唇期、肛门期的感觉、性器期的恋母情结的各种记忆都逐渐遗忘，是一个相当平静的时期。（5）青春期（11 岁或 13 岁开始）。女孩儿大约从 11 岁开始，男孩儿大约从 13 岁开始。这个阶段最重要的任务是摆脱父母对自己的控制，容易产生和成人相抵触的情绪和冲动，故称为“疾风暴雨”的逆反期。

2. 埃里克森的心理发展观

埃里克森提出了心理发展的八个阶段与相应任务。（1）婴儿期（0~2 岁），这一阶段孩子的主要任务是满足生理上的需要，发展信任感，克服不信任感，体验着希望的实现；（2）儿童早期（2~4岁），这一阶段孩子的主要任务是获得自主感，克服羞怯和疑虑感，体验意志的实现；（3）学前期或游戏期（4~7岁），这一阶段孩子的主要任务是获得主动感，克服内疚感，体验目的的实现；（4）学龄期（7~12岁），这一阶段孩子的主要任务是获得勤奋感，克服自卑感，体验能力的实现；（5）青年期（12~18岁），这一阶段孩子的主要任务是建立同一感，防止同一感混乱，体验忠实的实现；（6）成年早期（18~25岁），这一阶段人的主要任务是获得亲密感，避免孤独感，体验爱情的实现；（7）成年中期（25~50岁），这一阶段人的主要任务是获得繁殖感，避免迟滞感，体验关怀的实现；（8）老年期或成年晚期（50岁直到死亡），这一阶段人的主要任务是获得完善感，避免失望、厌倦感，体验智慧的实现。

3. 皮亚杰的心理发展观

皮亚杰的心理发展观，突出地表现在他的“认知发展阶段理论”上，他认为：

- 心理发展过程是一个内在结构连续的组织和再组织的过程，具有连续性和阶段性。
- 各阶段都有它独特的结构，标志着一定阶段的年龄特征，各阶段可以提前或推迟，但先后次序不变。
- 各阶段的出现从低到高有一定的次序，且有一定的交叉。
- 每个阶段都是形成下一个阶段的必要条件，前一阶段的结构是构成后一阶段的结构的基础，但前后两个阶段有着质的差异。
- 心理发展的一个新水平，是许多因素融合而成的新结构，各种发展因素由没有系统的联系逐步组成整体。在环境和教育的影响下，人的动作图式经过不断地同化、顺应、平衡，就形成了本质不同的心理结构，这也就形成了心理发展的不同阶段，孩子在不同阶段需要掌握的技能和学习的内容是不同的。皮亚杰认为儿童心理发展的四个阶段可以划分为感知运动阶段（0~2岁）、前运算阶段（2~7岁）、具体运算阶段（7~12岁）和形式运算阶段（12~15岁）。

要预防孩子长大后出现不良的个性特征和心理障碍，从理论上理解孩子的身心发展规律，最重要的就是要懂得高质量陪伴孩子成长的策略。

◎策略应对

1.学前期的高质量陪伴支持策略

（1）给予孩子丰富的刺激促进大脑发育。这个阶段的孩子大脑发育的速度远高于身体其他部分的发展速度。大脑的发育，与很多因素有关。母亲在怀孕期需要保证营养摄入，避免过度的压力和焦虑。此外，在学前期，父母还需要保证孩子有丰富的营养、充足的睡眠，也可以充分利用视听材料、触觉材料等刺激，让孩子多看多说多听，丰富孩子的刺激环境。

（2）陪伴、支持与理解促进孩子认知发展。①这个阶段的孩子处在皮亚杰认知发展理论中的前运算阶段，他们较多地使用象征符号思维，抽象逻辑思维还很欠缺，需要借助实物在游戏中进行学习。②孩子对象征符号思维的使用频率和他们语言的发展密切相关，也为孩子语言能力的发展奠定了基础，是培养孩子语言能力的重要时期,需要用丰富的语言环境支持孩子语言能力的发展。③这个阶段的孩子通常是以自我为中心，这也让很多家长误以为孩子很自私、不为他人着想，家长需要理解孩子的所谓自私行为，不要给孩子贴标签。

（3）给予孩子自由权促进其社会性发展。学龄前期正处在埃里克森人格发展的八阶段理论中的主动对内疚的冲突这一阶段,孩子想独立地做一些事情，开始自己做决定，不想被父母干涉，所以孩子会尝试挑战各种限制，以便确定什么是被允许的，什么是不被允许的。需要父母注意的是，虽然我们要鼓励孩子的主动性，但是同时要为孩子立规矩，他们在尝试检验自己能力的过程中也在试探界限，要培养孩子的界限感，这一点很重要。

2.学龄期的勤奋与成就体验策略

（1）运动与训练促进孩子身心健康发展。学龄期孩子的运动等功能发展已经比较成熟，但是像额叶这些脑区的发展要持续到青春期或者更后一点，这就是学龄期孩子注意力持续时间短，而且容易分心的原因。同时，男生的额叶发展比女生更慢一点，因此这个阶段的男生相较女生而言，更容易冲动，自控力更差，父母要保证这一阶段的孩子有充足的睡眠和营养。其次是让大脑合理地“训练”和“工作”，大脑遵循“用进废退”的原则，通过后天制订合理的学习计划，就能有效地促进大脑发展。值得注意的是训练和学习不是越多越好。

（2）学习与训练促进孩子认知能力发展。学龄期的孩子智力会有很大提升，认知能力也在不断发展，能逐渐理解复杂的事物和获得比较复杂的能力。这一阶段的孩子与上一阶段的不同，他们具有了守恒性，在判断液体从一个容器倒入另一个容器时，不会再只看表面现象。同时，思维具有了可逆性并且逐渐脱离自我中心性。他们知道一个被挤压得变形的橡胶制品是可以恢复成原本的样子的；也逐渐能理解同样一个事件可以从多个视角来看。还可以借助具体事物的表象进行逻辑运算。例如几次之后，他们能够画出自己家到朋友家的路线图。

（3）支持与帮助孩子获得勤奋感和成就感。学龄期是埃里克森人格发展的八阶段理论中的勤奋对自卑的冲突时期，这一阶段孩子知道勤奋对于他们的将来发展有着深远影响。这一阶段孩子如果在学校顺利完成课程学习，就会获得勤奋感，这使得他们对今后独立生活或者承担工作充满信心。反之，则会产生自卑感。父母要多给予孩子肯定性的信息，激发孩子学习的动力，并在孩子遇到困难和挫折时，及时协助孩子解决问题，让孩子获得成就感。

3. 青春期的宽容和幸福体验策略

（1）理解和宽容让孩子顺利度过青春期。青春期的孩子运动能力有了很大的进步，但是自控力比较差，容易冲动，情绪控制力比较弱，因为孩子的大脑额叶是最后成熟的。为了促进孩子大脑的发育，充足的营养和睡眠是大脑发展的重要保障；家长要理解孩子因为脑发育不成熟而导致的易冲动的特点，多给孩子一些理解和宽容。

（2）正面引导和提升内涵促进孩子认知发展。这个年龄阶段的孩子开始使用形式运算来解决问题，抽象逻辑思维快速发展。他们对家长和权威开始有了质疑，这是他们发展的一个很重要的过程。家长要做的不是去跟他们吵架，而是与其平和地讨论。另外一点就是孩子开始更多地关注自己，设想有“观众”在看着自己。他们对于外界的批评十分敏感，因此父母不要轻易批评孩子，而是引导其多阅读，以拓宽自己的知识面和提升内涵。

（3）有社会支持的目标实现增强幸福体验。青春期孩子面对自己身心的巨大变化，他们会经历自我怀疑、矛盾和冲突，对自己的学生、子女、朋友等不同身份感到困惑和怀疑，他们会没有明确的生活目标，不知道生活的意义，更不知道未来自己会是什么样的人。这个阶段，家长要帮助孩子明确人生的目标，清楚达成目标的方法，并鼓励孩子坚定地走在实现目标的道路上。目标要指向未来，要可分解，并不断整合。目标实现过程中要注意小步子成功法则，有父母和朋友的支持，在成长路上不断进步与成功，是增强孩子幸福体验的重要方法。

第二节　教养讲方式

一粒种子
给它好的土壤
给它充足的阳光
给它温暖的滋养
它必然长成自己的模样
开出芬芳的花朵

第一节，我们讲了一个人在成长过程中未被满足的需要是导致心理问题的一个重要因素，本节，我们讲另一个影响孩子身心健康的重要因素——家庭教养方式，这也是家长学习成长中要自我觉察、反思与改进的重要内容。对大多数家长而言，教育孩子是最艰巨的工作之一，因为这是一个未知的领域，他们不清楚自己是否做出了正确的决定，或者是后来后悔自己本可以采取更好的做法。

◎现象探索

孩子的教育问题，越来越受父母们的重视。很多家长都有这样的感叹或疑问，现在的孩子跟自己小时候比，越来越难教育了，和孩子完全没法沟通，有时候真不知道如何解决孩子身上出现的问题；为什么我的孩子会自卑、没有自信？为什么我的孩子有些冷漠、自私，老是以自己为中心？为什么孩子老是和我对着干？为什么别人家的孩子那么懂事、听话又独立？其实，这些感叹和疑问很多都是家庭采取的教养方式不同而导致的，那些在积极和消极教养方式下成长的孩子在各个方面的表现都会有很大的不同。

1. 权威型教养方式下孩子的表现

（1）孩子有高度的责任感和自律性。由于父母的高要求，孩子会尽力去达到这些标准，从而培养出良好的自我控制能力。他们通常能够很好地管理自己的情绪和行为，并且会尽力避免做出不良行为。

（2）孩子有良好的问题解决能力。这是因为父母不仅对孩子的行为有明确的要求，而且还会提供合理的解释和引导，鼓励孩子独立思考和解决问题。这些孩子在解决问题时通常会表现出很好的组织和计划能力。

（3）孩子还有较高的自尊心和自信心。这是因为父母给予孩子足够的关爱和支持，让孩子感受到自己的价值和重要性。这种自我认同感会让孩子更加自信和自尊，从而更好地应对生活中的挑战和压力。

不足之处在于：如果父母的要求过高或过于严格，可能会给孩子带来压力和焦虑。同时，如果父母过度控制孩子，可能会限制孩子的自主性和创造性发展。

2. 专制型教养方式下孩子的表现

（1）容易消极、被动、依赖、服从、懦弱，做事缺乏主动性。

（2）他们可能会不诚实，因为他们的行为常常受到父母的严格控制和监督，缺乏自由和独立自主意识。

（3）缺乏自信心和安全感，时常感到不安。在专制型教养方式下，父母通常会对孩子的行为漠不关心，缺乏热情的情感反馈，很少考虑孩子的想法和需求。他们往往会强制要求孩子遵守规则，不惜动用精神或肢体暴力，使孩子更加缺乏自主性和创造性。

3. 溺爱型教养方式下孩子的表现

（1）孩子可能会过度依赖。由于父母过度溺爱，孩子可能会缺乏独立性和自主性，过分依赖父母。他们可能无法适应独立生活，需要父母长时间的陪伴。

（2）孩子可能会比较自私。由于父母无条件满足孩子的所有需求，孩子可能会认为所有的东西都是自己的，不懂得分享和关心他人。

（3）孩子可能会比较任性。他们可能会无法控制自己的情绪和行为，经常发脾气或大哭大闹，以达到自己的目的。

（4）孩子可能不懂得珍惜，因为他们对物质的欲望总是被满足，没有机会学会珍惜所拥有的东西。

（5）孩子可能不尊重他人。由于父母没有正确引导孩子的行为和价值观，孩子可能会缺乏对他人的尊重和关心。

4. 忽视型教养方式下孩子的表现

（1）孩子可能会感到孤独和冷漠。由于父母对孩子的需求和情感缺乏关注和回应，孩子可能会形成孤独的性格，对外界事物表现出冷漠的态度。

（2）孩子可能会固执。由于缺乏父母的引导和管教，孩子可能会形成顽固不化的性格，难以接受他人的意见或建议。

（3）孩子还可能有较强的攻击性。他们可能会对外界事物充满敌意，对他人缺乏信任和尊重。

（4）孩子可能不顺从，他们可能不愿意接受任何形式的约束和规定，甚至会对父母和社会规则产生反抗和抵触情绪。

（5）孩子还可能缺乏自信和社交能力。由于缺乏父母的关注和肯定，他们可能无法建立自信，难以与他人建立良好的人际关系。

对家庭教养方式的了解有利于家长反省自己，提醒自己要如何对待孩子，从而避免在家庭教育中犯错，为孩子的心理健康保驾护航。

◎理论解读

教养方式指的是父母在养育孩子的过程中表现出来的一种行为倾向，主要体现在教育观念和教育行为上。美国心理学家鲍姆林德从情感联系、行为控制两个维度将教养方式分为权威型、专制型、溺爱型和忽视型（见图 1–1）。

1. 权威型

一方面父母对孩子的要求很高。他们对孩子有明确、合理的要求，为孩子设立一定的行为准则。当孩子出现不合理的行为时，会对孩子提出限制同时督促孩子达到目标。另一方面，父母对孩子又充满温情、支持、高度的关注。他们通常对孩子能够高度接纳和参与，给予孩子一定的自主性；和孩子之间的关

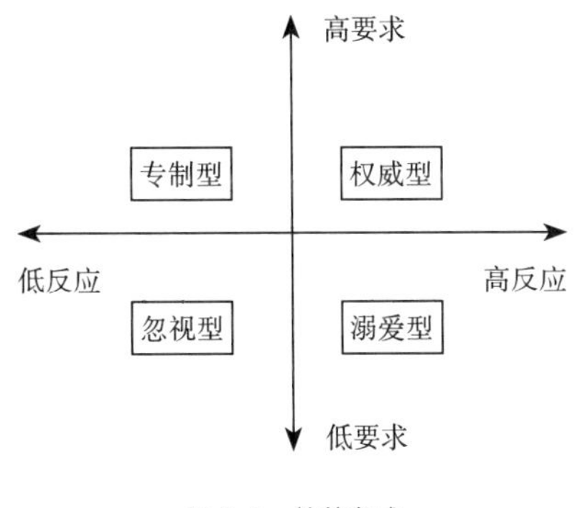

图 1-1　教养方式

系是比较亲密的、令人愉快的、充满感情的。总之，权威型的父母施行的是严格 + 民主 + 爱的教育方式。

2. 专制型

这类父母对孩子的要求也比较高，但是他们提出的要求是从自己的主观想法出发，没有考虑孩子的真实感受，通常也不会认真听孩子的意见和想法，只是要求孩子必须无条件服从。专制型的父母经常会说："你不许看电视""这个不准买""我说什么就是什么""你必须……"。他们绝对不允许孩子反抗、辩解。他们对孩子进行严格控制，长此以往，孩子的自主性、自控能力得不到发展，会对父母有很强的依赖性。孩子长大之后，没有了父母的要求和指令，孩子可能会在做事情时缺少主见，唯唯诺诺，抑或是常常焦虑、逆反、对抗，甚至是出现自残或攻击行为。电视剧《小舍得》中田雨岚这个角色就是专制型父母的典型代表。为了让孩子成绩更好，也因为自己的攀比心作祟，她给孩子制订十分严格的学习计划，通过各种关系渠道给孩子报了许多辅导班。孩子承受着巨大的学习压力，前期取得了不错的成绩，妈妈见状，更进一步给孩子增加学习任务，最后孩子因为不能承受学习压力患上了抑郁症。这个妈妈的做法是当今社会中很多妈妈的现实写照。家长们无视孩子的感受，说着一切都是为你好，一直给孩子施压。

3. 溺爱型

采用这种教养方式的父母其实对孩子也充满了爱与期望，但问题在于对孩子没有给予必要的控制和要求，当孩子违反规则或者有不良行为时，通常是忽视或纵容，很少批评孩子，这种父母的爱是缺乏理智和分寸的。之前网上曝出了一件事：一位母亲带着孩子等地铁，她的儿子想吃旁边一个女孩手上的鸡排，这位母亲让孩子直接去找女孩要，但是，女孩拒绝了。本以为事情就此结束，但是在地铁进站的时候，小男孩挣脱妈妈的手，冲上前使劲推了女孩一把，女孩整个人差点摔下站台，幸好旁边有人及时拉了一把。但男孩的母亲看到孩子的举动后，不但没有厉声呵斥，反而像什么事情都没有发生一样拉着孩子走进了地铁。溺爱型父母教育出来的孩子通常比较骄横、自私而且有嫉恨心理；往往以自我为中心，自控力很差，道德观念也比较差，做事缺乏准则。

4. 忽视型

这类父母对孩子通常不怎么关心，很少管教孩子，对孩子没有什么要求，对其行为也很少进行控制，当然对孩子也很少有爱和期待。小华从小学三年级开始，就被父母留在老家独立生活。除了每月给他生活费之外，基本不过问他的生活。由于没有父母的管教，小华性格孤僻乖张，做事随心所欲，经常在课堂上睡觉或者玩手机，还多次在课堂上用污言秽语把女老师气哭。学校多次要求其父母协助教育，但其父母总以各种借口推脱，对学校反映的问题毫不重视。初二的时候，小华因为参与团伙偷车案，被公安机关拘捕。在这样的家庭教育方式下成长的孩子没有足够多的安全感，容易有不信任他人、冲动、攻击性强、低自尊等诸多问题。孩子还可能形成这样的认知：我是不被爱的、不被重视的、不重要的。孩子在长大成人后可能也会情感冷漠，无法与他人建立长久的可信任的关系。

在家庭教养上最重要的是父母对孩子的爱，但任何时候都不要忘记规则与界限，无条件的爱并不等于只有爱没有规则。

◎策略应对

家庭教养的策略是塑造孩子行为和性格的重要方式，以下是一些有效的家庭教养策略：

1.建立亲密的亲子关系

关心孩子，给予孩子足够多的温暖和爱，及时回应孩子的心理需求。有研究发现，父母给予孩子足够多的爱可以有效降低他们未来不良行为的发生概率。与孩子建立深厚的感情纽带，通过日常的互动和交流，让孩子感受到家长的关爱和支持。这种亲密关系应该是一种民主、平等的关系，这有利于孩子健康人格的培养。但是父母对于原则性问题，依然会严格要求，对于非原则性问题，能够给予孩子一些自主决定的权利。父母要放下身段，像对待好朋友一样平等地对待孩子。父母只有尊重孩子的想法，不压制孩子，平等地去跟孩子交流，孩子才会很愿意跟父母讲心里话，才能减少亲子冲突。

2.父母树立正面的榜样

作为父母，要以身作则，成为孩子学习的良好榜样。通过自己的行为和态度，为孩子树立正确的价值观和行为准则。父母是孩子最重要的榜样。在日常生活中，父母可以在以下几个方面给孩子树立正面的榜样：积极的生活态度、良好的品德修养、健康的生活习惯、良好的学习习惯、责任感和奉献精神、遵守法律法规和社会公德、诚实守信、尊重他人、环保意识、正确的价值观。

3.设定清晰的规则限制

明确规定孩子什么可以做、什么不能做，并确保孩子知道这些规则的原因和必要性。为孩子制订明确的行为目标和准则，向孩子解释规则以及为什么要按照某种方式进行。这样孩子通常会遵守规则，还会有规则意识。比如规定家里每个人早上都应该起床锻炼，首先父母应坚定不移地遵守这项规定。同时，告诉孩子为什么需要锻炼及锻炼的好处。

4.保持一致的教育方式

家长在教育孩子时，要保持一致的态度和方式。这样可以让孩子更容易理解和遵守家庭规则。当代社会，孩子越来越金贵，在有些家庭里，爷爷奶奶、外公外婆、父母，六个人带一个孩子。他们是六个独立的个体，有不同的经验，教养理念也不同。有的祖父母辈的人吃过苦，不想让孩子吃苦，再加上精力有限，不想费力管教孩子，因此对孩子比较溺爱，孩子想要什么就给他什么；有的父母受过良好的教育，注重行为习惯的培养，再加上精力旺盛，在带孩子时比较严厉。因此，家庭成员之间需要商议，统一教养的方式。

5. 提出明确合理的要求

孩子在实现目标过程中遇到困难，坚定地支持、包容孩子，而不是奚落和责骂。比如孩子一直在学习舞蹈，你希望她通过自己的努力在比赛中获得名次。你可以帮助孩子根据实际情况制订合理的练习计划和目标，并陪伴、督促她练习，在训练过程中遇到困难时多鼓励、支持她克服困难。

6. 有批评并且要有赞扬

通常父母会毫不犹豫地批评孩子的不良行为或懒散的态度。比如经常会说孩子不爱学习，做作业粗心大意。但同时，也不要吝惜你的表扬，表扬孩子的善行或鼓励他下次要做得更好。甚至做到在批评之前先表扬，注意表扬的规则是：描述事实、表达感受、挖掘品质、展望未来、热情表达。比如孩子一到冬天就起床困难，有时候上学会迟到，如果孩子有一天准时起床，就可以陈述她的行为：“宝贝，今天你准时起床了啊，妈妈好开心哦，像你这样自觉、准时、有自控力的孩子，今后一定会在各个方面都受人欢迎。”批评的原则是：就事论事、提供标准、不翻旧账、不贴标签、不否定未来。

7. 有奖励并且要有惩罚

当孩子表现良好时，给予适当的奖励可以强化他们的积极行为。而当他们犯错时，适度的惩罚可以让他们明白错误的行为会导致不良后果。《儿童心理发展与家庭教育智慧》一书中讲道：（1）科学实施奖励的策略包括：及时性策略、物质与精神奖励相结合的策略、期待性策略、定期与不定期奖励相结合的策略、避免奖励错误的策略。（2）科学实施惩罚的教育策略包括：及时性策略、适度性策略、一致性策略、教育性策略、避免惩罚误用的策略。（3）奖励和惩罚运用的艺术性：比惩罚更深刻的奖励、被奖励所惩罚、被惩罚所奖励、避免奖惩效用的局限。

8. 愿意花时间在孩子身上

现在很多父母每天都忙于工作，压力很大，但是不管多忙也要抽出时间关注孩子，不能因为工作太忙而忽视孩子，这可以让孩子明白与家人建立联系的重要性。陪伴孩子时要注意陪伴的有效性。有教育专家说："有的孩子是有父母的孤儿，尽管有父母陪伴在身边，但是却没有感到内在心理支持的正能量。"这表明虽然花了时间陪伴孩子，但却没有起到积极作用。

（1）不要把陪伴变成伤害。很多家长在陪伴孩子的时候，总是忍不住去唠叨、说教，总想着纠正、改变孩子，结果孩子和父母越来越远。

（2）陪孩子做些他们感兴趣的事。钱锺书的女儿钱瑗在《爸爸逗我玩》的文章中写道：爸爸童心未泯，有时候用墨笔在孩子脸上画胡子，在肚皮上画鬼脸，还会和女儿玩各种各样稀奇古怪的游戏。

（3）陪伴需要专心。待在孩子旁边就是陪伴，这是很多父母的误区。陪伴时父母要专心，了解孩子言行背后的内心需求并给予反馈。《家庭亲子陪伴白皮书》显示，在陪伴孩子时，有 47.6% 的家长会做家务，38.4% 的家长会玩手机，49% 的家长不会参与孩子正在做的事。长此以往，就很难和孩子建立起爱的联结。

第三节　问题能应对

忧为忧

惧念惧

当悲苦爱上焦虑

夏花落寞为抑郁

你的好，融化梦的思绪

轻抚爱的痕迹

健康是每个人的期望，身体是否健康我们很容易感受到，比如感冒了会发烧；心灵“感冒”有时却没有那么明显的症状，我们需要掌握专业的心理知识才能发现它。

随着国家对心理健康知识的普及，大家更加重视心理健康，但仍有少数人对心理问题会有恐慌、害怕和羞耻感。当心理问题很严重时父母才有所觉察，错过干预的最佳时机，导致干预的难度加大，疗程更长。

如何判断我们的心理是否健康？如何识别常见的心理问题？本节旨在探讨常见的抑郁症、焦虑症和强迫症相关知识。

◎现象探索

《国民抑郁症蓝皮书》（2022—2023 版）报告的一组数据引发人们关注，数据显示：我们有 9 500 万名抑郁症患者，抑郁症作为最常见而且疾病负担居首的情绪障碍，离我们并不遥远，甚至其“魔爪”已伸向青少年儿童，在抑郁症患者人群中，有 50% 为在校学生，有焦虑情况的儿童比例高达 24.78%；高中生抑郁检出率为 40%，初中生抑郁检出率为 30%，而小学生的抑郁检出率为

10%；我国 18 岁以下抑郁症患者占总人数的 30.28%。在抑郁症患者群体中，41% 曾因抑郁休学，学业压力已经成为压在青少年抑郁症患者身上的一座大山。

每个孩子都有可能遭受抑郁症的打击，一旦发生，将严重损害孩子的身心健康。国外研究表明，有 10.0%~20.0% 的青少年患有焦虑障碍。国内莫大明等人对 5 392 名 7~16 岁中小学生的调研表明：儿童青少年焦虑的检出率为 19.4%。焦虑与抑郁存在共病的现象，如马静等人以长沙市 10 所中学 3 965 名中学生为样本，探讨了青少年抑郁伴或不伴焦虑临床特征，研究发现：存在抑郁的男生中有 47.0% 伴焦虑，而存在抑郁的女生有 61.9% 伴焦虑，女生抑郁伴焦虑的发生率高于男生。全国流行病学调查显示，我国各类精神障碍中，焦虑障碍患病率最高，成人的终生患病率高达 7.6%。

1. 成长中的心理困扰

一位妈妈和刚上初一的女儿因为琐事爆发了争吵，她以为孩子只是进入了青春期，有些叛逆，便随口说了句："小孩能有什么心事？"谁知却被女儿的一句"小孩的心事多着呢！你真正了解过吗"吓了一跳。回想最近一段时间女儿的表现，这位妈妈才发现，女儿情绪不稳定已经持续了一段时间，却被自己忽略了。杭州一个女孩在小升初的过程中不适应压力，成绩一落千丈，妈妈擅自停掉其抗抑郁药，换成维生素。2023 年 4 月 19 日，一个 16 岁抑郁症孩子打算喝药自杀，他喝药前在朋友圈发了一条"谁能来救救我"的消息，最终却没等来救他的人，于是喝下了药……又是一个血淋淋的案例。孩子内心深处很渴望活着，很期待有人在乎他，关心他，爱他。可是等来的却是绝望……

"青少年的抑郁症状更不容易被发现。青少年出现抑郁时，往往伴随着食欲缺乏，在应该长身体的年纪，体重长时间没有变化。而当青少年出现易怒、焦虑等情况时，家长往往将其视为青春期叛逆，这也会错失医疗干预的时间。"华东师范大学心理与认知科学学院教授刘俊升说道。

2. 人生重要阶段的心理困扰

升学阶段是老师和家长需要关注的重点时期。调查显示，小学升初中阶段，学生的重度抑郁检出率从 3.3% 跃升至 8.2%，轻度抑郁检出率从 9.8% 跃升至

16.5%，增长率均为小学四年级到高三之间的峰值。此后，初中生每年的抑郁检出率持续上升。而在初中升高中阶段，轻度抑郁的检出率达到了 26.8%，是从小学四年级到高三的峰值。

华东师范大学教育学系副教授杨光富表示，不管是小学升初中，还是初中升高中，由于课业压力骤增，许多孩子会出现不同程度的不适应，厌学、睡眠不佳、焦虑……严重者会出现抑郁症状。“升学阶段的青少年容易产生心理问题，在业界已经是一个共识。”也有很多家长表示，对于面临升学压力的学生来说，他们的一些负面情绪无处安放，“或者是自己消化，或者是将学校里的压力释放在家里。”抑郁症发病群体呈年轻化趋势，社会亟须重视青少年心理健康。

3. 日常生活中的心理困扰

在日常生活中，很多人都会怀疑自己是不是有强迫症。比如，有的人锁门后总是感觉门没锁好，想要回去检查一下门锁；有的人每天坐地铁必须从固定的位置上车，就算是旁边的那个门没有人排队，也绝不换位置；有的人总喜欢把鞋子都摆放在一条直线上，如果不直的话，还会反复调整……我们经常会将这些行为戏称为“强迫症”，然而真正的强迫症患者不会这么轻松。

世界卫生组织、世界银行和哈佛大学的一项联合研究表明，世界上每年有将近 20 万人以自杀方式结束自己的生命，其中 80% 的自杀者患有抑郁症。目前，抑郁症已经成为中国疾病负担的第二大疾病。2023 年 10 月，国家卫生健康委员会呼吁全社会共同关注儿童青少年心理健康，增进健康福祉，要把促进身心健康作为学生全面发展的基础前提，融入教育教学、管理服务的各个环节，家庭、学校、社区，都要为学生身心健康发展营造良好环境。

◎理论解读

1. 什么是焦虑症、抑郁症、强迫症

焦虑症和抑郁症是两种常见的心理问题，虽然它们在某些症状上有重叠，但实际上是两种不同的疾病。许多有抑郁症的人也有焦虑症状，而许多有焦虑症的人也有抑郁症状。这就使得很多人分辨不清二者。理解它们之间的区别对于诊断和治疗都是至关重要的。

焦虑可能会衍生出一系列心理问题，比如抑郁、强迫、失眠等。

（1）焦虑症。焦虑症是“焦虑性神经症”（ICD–10）的简称，是一种常见的心理障碍，如果及时治疗，患者可以痊愈。但是病程迁移的话，会转化成焦虑障碍。焦虑症是一种心理疾病，被归为精神障碍之一。焦虑症是一种持久性、过度的焦虑状态，个体可能在没有明显威胁或危险的情况下感到极度的不安和恐惧。焦虑症常常伴随着身体症状（如心悸、呼吸急促、胸闷等）和心理症状（如持续的担忧、恐惧、回避行为等）。焦虑症会对个体的生活造成明显的负面影响，干扰日常功能和社交活动。

焦虑是一种正常的情绪反应，而焦虑症是一种心理疾病，是焦虑的一种病理性表现。当焦虑的程度和持续时间超出正常范围，并对个体的生活产生明显的负面影响时，可能需要接受专业的心理健康评估和治疗。

（2）抑郁症。抑郁症就像感冒、高血压一样，是一种常见病。抑郁症又被称为抑郁障碍，以显著而持久的心境低落为主要临床特征，是心境障碍的主要类型。抑郁症临床可见心境低落与其处境不相称，情绪的消沉可以从闷闷不乐到悲痛欲绝，伴有不同程度的认知和行为改变，部分患者存在自伤、自杀行为，甚至因此死亡。抑郁症可伴有精神病性症状，如幻觉、妄想等。抑郁症包括重度抑郁、反复性抑郁、精神病性抑郁和季节性抑郁等。

（3）强迫症。强迫症是一种较为常见的精神疾病。强迫症又被称为强迫性神经症、强迫性障碍。强迫症属于焦虑障碍，是一组以强迫思维和强迫行为为主要临床表现的神经精神疾病，其特点为有意愿的想法或冲动反反复复侵入患者的日常生活。患者虽体验到这些想法或冲动来源于自身，极力抵抗，但始终无法将其控制，二者强烈的冲突使其感到巨大的焦虑和痛苦，影响学习、工作、人际交往甚至生活起居。强迫可涉及心理活动的各个方面，包括感知觉、注意、记忆、思维、情感、动作和行为，以及人际关系等。

2. 焦虑症、抑郁症、强迫症的病因

（1）焦虑症病因。焦虑症是脑功能警觉性增高的心理疾病，患者持续性的焦急、恐惧、紧张等情绪而引起脑神经功能失调。焦虑症的发病通常是多因素综合作用的结果，不同个体可能有不同的发病原因。焦虑症的发病原因非常复杂，包括遗传因素、生物因素、心理因素和社会因素等多个方面。

- 遗传因素。遗传因素在焦虑症的发病中起着重要作用。研究发现，如果一个人的父母或其他近亲患有焦虑症，他患病的风险会显著增加。这表明焦虑症在一定程度上具有遗传倾向。然而，遗传只是发病的一部分因素，环境也会对遗传因素产生影响。
- 生物因素。生物因素包括大脑结构异常和神经递质异常等。焦虑症患者的大脑可能与正常人有一些不同。一些研究发现，焦虑症患者的杏仁核（与情感处理相关的大脑区域）比较活跃，这导致情感和恐惧的过度反应。此外，神经递质如谷氨酸和丝氨酸的不平衡也可能与焦虑症的发病有关。
- 心理因素。心理因素涉及个体的思维和情感。以下是一些可能与焦虑症有关的心理因素。一是负性思维模式：许多焦虑症患者倾向于产生负面的思维和担忧，通常会担心最坏的结果。二是人格特征：一些人具有更强的焦虑倾向，如完美主义、自我批评和自卑感。三是创伤和压力：经历创伤或高度压力的人更容易患上焦虑症。
- 社会因素。童年经历中不安全的家庭环境、家庭纷争或被虐待可能会增加患焦虑症的风险。社交因素中的社交压力、社交孤立和孤独感也可能导致焦虑症。
- 生活事件。重大生活事件，如失业、离婚、亲人去世或意外事件，也可能是焦虑症的诱因。这些事件可能触发焦虑症的发作或使症状恶化。
- 其他健康问题。某些身体健康问题，如甲状腺问题、心脏病、糖尿病等，也与焦虑症有关。生理疾病可能直接或间接地引发焦虑症。

（2）抑郁症病因。抑郁症确切的原因尚不清楚，但绝大多数人认为，当一个人同时存在以下多个社会、心理和躯体方面的问题时，脑内会发生某种生物化学改变，就易出现抑郁。大脑中的生物胺不足是精神功能全面低下和抑制性心理病的一个病因，抑郁症的出现是神经功能疾病，比如说失眠、恐惧、神经衰弱等引起的精神性情绪低下。抑郁症的产生可能跟以下这些因素相关：

- 精神活性物质的滥用和依赖，包括鸦片类、中枢兴奋剂、致幻剂、酒精、镇静催眠药物等。
- 身体因素。身体疾病，特别是慢性中枢神经系统疾病或其他慢性身体疾病，如恶性肿瘤、甲状腺功能减退症、帕金森病、癫痫等。这些都是抑郁障碍发生的重要危险因素。
- 童年经历。童年期有不幸经历往往是成年期抑郁障碍发展的重要危险因素。
- 性别因素。成年女性患抑郁症的比率高于男性，比例约为 2:1。
- 遗传因素。抑郁症的发生与遗传密切相关。亲属中有抑郁症患者的人患上抑郁症的概率远高于普通人群。目前，大多数学者认为这是多基因遗传。
- 人格因素。具有明显焦虑、强迫、冲动等人格特征的人容易患抑郁症。具体表现为过度的担忧和谨慎，过度关注细节、规则、项目、秩序或表格，道德意识太强，谨小慎微。

（3）强迫症病因。从目前的研究来看，强迫症的病理机制还没有很好的定论，其病理机制比较复杂，涉及社会、心理、生物学等很多因素。还有一些生物学的研究表明强迫症与遗传、神经生化等方面的因素有关，而社会心理学方面的研究则认为强迫症与家庭环境、童年创伤等有一定的关系。

- 心理社会因素。各种生活事件特别是增加个体责任感的事件，常是强迫障碍的诱发因素。15% ~ 35% 的患者具有强迫型人格特征，如胆小、认真、优柔寡断、严肃、刻板、循规蹈矩、追求完美等，但强迫型人格并不一定发展成为强迫障碍。生活中持续的压力刺激、创伤性事件、不良的养育方式等因素都有可能引发强迫症，比如说父母的高要求、强控制欲或是情感表达的缺乏等。
- 生物学因素。遗传因素在强迫障碍的发病中起一定作用。强迫症有着生物学上的易感性，如果一个人的直系亲属患有强迫症的话，那么他的患病概率会高于普通人群。

3. 焦虑症、抑郁症、强迫症的症状表现

（1）焦虑症症状表现。当一个人感受到焦虑时，可能会有以下的情绪和体验：

- 强烈的不安和恐惧。即使在没有明确的威胁或危险的情况下，患者也可能感到一种强烈的不安和恐惧。这种焦虑感可能无法解释或合理化，但它却是非常真实和令人困扰的。
- 身体症状的出现。焦虑症常常伴随着身体上的不适感，患者可能会出现心悸、呼吸急促、胸闷、头晕、出汗、颤抖、肌肉紧张、胃部不适等症状。这些身体反应是自主神经系统的自然反应，当患者处于紧张和焦虑状态时会出现。
- 不断的担忧和疑虑。焦虑症常常伴随着不断的担忧和疑虑，患者可能会对各种事情感到担心，包括健康、人际关系、工作、学业等。这些担忧会占据大部分思维空间，让人难以专注于其他事物。
- 避免和回避行为。为了减轻焦虑感，患者可能会倾向于回避那些引发焦虑的情境或触发因素。这可能包括避免接触社交场合、避免出现在特定地点或活动中、避免与特定的人交流等。这种回避行为虽然暂时可以缓解焦虑，但却会限制正常生活和造成社交上的困扰。
- 焦虑攻击（恐慌发作）：在某些情况下，焦虑症可能导致焦虑攻击，也被称为恐慌发作。焦虑攻击是一种突然且强烈的焦虑体验，伴随着身体上的剧烈反应，如心跳加快、呼吸困难、胸闷、头晕、出汗等。这种攻击常常让人感到失控和恐惧，可能会导致本人对未来出现类似情况的过度担忧。

（2）抑郁症症状表现。青少年抑郁障碍的表现并不像成人那样明显，症状不典型，由于年龄因素的影响，青少年的言语表达不会那么准确，尤其是年龄偏小的孩子的症状更具有隐匿性，不易被察觉。抑郁症作为一种慢性疾病，在发病前会出现很多征兆，在平时的生活中，我们可以多关注孩子以下几个方面：

- 情绪方面。譬如孩子出现较长时间的消极情绪，总是反复想一些不愉快的事情，传递的大部分是负面信息，情绪低落、郁郁寡欢、持久的沮丧甚至表达对生活的失望，厌恶自我，觉得自己一无是处，不时向父母抱怨自身的缺陷，埋怨父母，常常无故流泪，变得冷漠麻木或是易激怒，无缘无故地发脾气，容易与人起冲突，敏感，特别容易感觉到委屈，短时间内情绪波动起伏大等。
- 言语行为方面。抑郁的孩子缺乏孩童期应有的快乐和笑声，譬如言语突然减少，不喜欢讲话，有气无力，爱说些消极厌世的话，经常抱怨“没意思”，说话表情不如以前丰富，自我贬低，有明显的无助、无望感。喜欢独处，无生机，比平时“懒”，整天看手机，不理人，做事犹豫不决，无端地自我惩罚、自残，对表扬不在乎，曲解别人的赞扬。
- 睡眠饮食方面。饮食和睡眠习惯的改变，一般儿童与青少年的睡眠时长为 8~10 小时，但抑郁症孩子的睡眠少于 6 小时（睡眠过少），或多于 12 小时（睡眠过度）；睡眠不稳定，容易惊醒，噩梦频繁，早醒；生活节律昼夜颠倒，晚上不睡，早上赖床不起，上课打瞌睡。食欲下降或暴饮暴食，体重骤然增加或下降。
- 学习方面。无明显原因，孩子的学习状态发生变化，如上课分神、注意力不集中、无精打采、记忆力变差，感觉自己反应迟钝，“变笨了”，成绩大幅度下滑，既往喜欢学习的也开始对学习提不起兴趣，甚至对学校不满和抵触上学，无故旷课等。
- 兴趣方面。兴趣减退和活动减少，譬如容易疲劳，没有了活力，不再重视过去珍爱的玩具、书籍等；总是抱怨身体没劲、很累，不愿意运动，不知道该做什么，沉迷游戏、网络。
- 人际交往方面。与现实中的人交流减少，譬如独来独往，放学后和周末把自己关在屋子里不出门，不和同学交往，生活中也没有朋友，偶尔有些朋友也是以网友为主。

有抑郁情绪不等于患抑郁症，加利福尼亚大学旧金山分校精神病学和行为科学系、流行病学和生物统计学系的教授克莉丝汀·亚夫说，多达20%的人一生中的某一时期会有抑郁情绪，但并未达到抑郁症的诊断标准。如果一个人表现得不高兴，但很快就能自行恢复，事出有因，而且可以控制，就是抑郁情绪。但若抑郁情绪持续两周以上，且一半以上的时间里体验到明显的心境低落，感受不到愉快，超出自我调节、控制能力，社会功能和生活质量受到损害，并有自残倾向，则应考虑有可能是抑郁症。

（3）强迫症症状表现。强迫症有以下几种表现形式。

- 强迫观念。强迫观念指反复闯入患者意识领域的持续存在的思想、观念、表象、情绪、冲动或意向，对患者来说没有现实意义，非己所欲，违反了个人意愿。患者明知没有必要，试图忽略、压抑或用其他思想、动作来对抗它。但无法摆脱，因而苦恼和焦虑。有的患者抵制不明显或随病程进展，抵抗逐渐减弱。强迫观念一般包括以下几种：强迫性怀疑，患者对已完成的事情总是放心不下，要反复多次检查确实无误后才能放下心来，如怀疑是否关好门窗，煤气是否已关好等等，常伴有明显的焦虑；强迫性回忆，患者对过去的经历、往事等反复回忆，如回忆已讲过的话用词、语气是否恰当等；强迫性穷思竭虑，患者对一些毫无现实意义的问题，总是无休止地思考下去，比如天为什么要下雨，人为什么要吃饭，等等。
- 强迫动作，又被称为强迫行为。强迫行为是指强迫症患者为阻止或降低强迫观念所致焦虑和痛苦的一种反复行为或仪式化动作，常继发于强迫观念。这种行为通常被认为是无意义的或无效的，且反复企图抵抗，导致明显焦虑。虽然强迫行为并不是为了获得快感，但是可以使焦虑或痛苦暂时缓解。对于病程漫长的患者，抵制可能十分微弱。强迫行为有的为外显性的，是他人能看得见的一些仪式或行为；有的则较为隐匿，如默默计数或祷告；有的为了消除强迫思维而用另外一种思维来抵抗。从根本上讲，这些行为既不能给人以愉快，也无助于任务的完成。强迫行为与患者所担心、害怕的事情之间的联系常常不合逻辑，如将物品排列整齐是为了防止心爱的人受到伤害等或明显超过了正常界限，如每天花几小时的时间洗澡来防止生病。强迫动作一般包括以下几种：强迫洗涤，常见有强迫洗手、洗衣等；强迫检查，如出门时反复检查门窗是否关好等；强迫计数，患者见到某些具体对象（如电线杆、台阶、汽车、牌照等）时，不可克制地计数，如果不计数，患者就会感到焦虑不安。

4. 常见心理问题（焦虑症、抑郁症、强迫症）的危害

（1）社会功能下降。抑郁患者难以集中注意力、记忆力减退、思维缓慢、学习效率下降、严重的抑郁还会影响个体正常的工作、学习能力，身体免疫功能也会受到影响，造成生理活动减慢，对自身的工作、学习、生活等都造成很大的影响。强迫症患者因为有不由自主的思想纠缠，或刻板的礼仪或无意义的行为反复，注意力常常很难集中，影响学习和工作，严重的可能完全丧失学习能力和工作能力，导致精神残疾。

（2）睡眠障碍。长期的焦虑、抑郁状态会导致睡眠障碍，表现为失眠、入睡困难、早醒、睡眠质量差和睡眠节律紊乱等，这种睡眠障碍也会给个体带来很多情绪问题，对于有自杀倾向的抑郁症患者，早醒会使患者在凌晨自杀的概率加大。

（3）躯体并发症。正处于升学阶段或者考学前期的孩子，本身具有非常大的压力，如果心理承受力较弱，孩子就会陷入焦虑情绪当中。如果这种焦虑情绪长期存在，不仅会严重干扰孩子正常的学习环境，而且会对孩子的身体产生负面影响，身高就是典型！长期焦虑之所以会影响孩子的正常发育，是因为当孩子心理压力大、长时间处于焦虑状态时，体内生长激素分泌水平降低，就会影响身高。长期的抑郁还会诱发躯体疾病，如食欲减退、糖尿病、痴呆等。强迫症患者会因屈从或对抗强迫观念而表现出重复动作或仪式化行为。

（4）情绪问题。情绪低落、急躁、悲伤、无助、莫名哀伤想哭，长期的情绪低落会让人觉得无望，对生活失去兴趣，也会让身边的朋友远离。强迫症患者常常出现某些难以控制的不必要的担心，如担心自己丧失理智后做出违法、不道德行为或精神失常等。

（5）心理层面。抑郁症患者可能会招致身边人、亲人、朋友的不理解和嘲讽，他们不仅心理备受煎熬，还需要忍受世俗不解的目光。强迫症患者感到内心有某种强烈的内在驱使力或立即行动的冲动感，但从不表现为行为，因此患者深感紧张、担心和痛苦。

（6）人际关系。焦虑的情绪很容易传染给身边的家人和朋友，尤其是小孩，孩子通常对成人的情感状态非常敏感，当他们感受到成人的焦虑时，容易产生不良的心理反应。如果孩子长期生活在焦虑的环境中，不仅会严重阻碍他们的心理成长，还会导致身体疾病。当家里的孩子抑郁时，一家人都会被涉入，父母可能会有内疚、自责和焦虑感。他们会认为自己不是好父母，导致孩子得抑郁症，但又不甚理解抑郁症，因此很难有好的解决办法，无望又内疚，饱受折磨。强迫症患者的强迫行为是不受自己控制的、令人痛苦的，甚至给周围的人带来负面影响，给自己的生活造成很多困难和限制。

◎ 策略应对

一个人患了抑郁症后几乎是不可能凭借自己的力量摆脱的，因为它并不是一种很快就能自行恢复的“情绪问题”或“思想问题”，而是一种会影响全身各器官机能的、慢性的、反复发作的疾病，它的产生有一定的生物学基础，患者脑内有某种物质缺乏或紊乱，该疾病与遗传、基因均有一定的关系。北京回龙观医院精神科副主任医师陈林曾表示，尽管抑郁症的发病原因并不十分清楚，但它仍然是一个可治疗的疾病，大多数患者经过治疗可获得痊愈，越早治疗效果越好。在日常生活中，儿童会遇到多种能够引发焦虑的情境，如学习紧张、被老师或家长批评、当众发言、参加大型考试等。如果相关情境引起的焦虑程度比较严重或持续时间较长，则会引起一系列异常症状，如恶心呕吐、心慌手抖、烦躁易怒、注意力不集中等，会影响孩子的学习和生活。若不及时疏导和治疗，那么在以后遇到相似情景时，孩子就很容易产生焦虑情绪，甚至演化成焦虑症等精神疾病。

孩子的表达能力一般弱于成人，因此不善于用言语准确表达自己的真实感受。儿童心理学家发现：绝大多数孩子在焦虑的时候，会采取隐忍的方法来压抑自己；有些孩子则会出现行为上的改变，例如，冲动易怒、失眠、不合群、食欲下降等。当这些表现不够严重和突出的时候，往往难以引起父母的关注。但不可否认的是，儿童焦虑症的发病率在逐年上升，且具有普遍性强、危害性大、表现形式多样等特点。因此，及早发现孩子的异常、及时对孩子的焦虑进行相应治疗尤为重要。那面对患焦虑症、抑郁症、强迫症的孩子，我们可以做些什么呢？

对青少年患者而言，父母是其就医前极为关键的一环。我们能否及时察觉孩子的异常，并给予有效的关注和引导，在很大程度上决定了孩子未来的病情走向。青少年焦虑、抑郁和强迫的病因、临床表现和严重程度不尽相同，而父母对这些常见病症的认知和对孩子问题的反应，会影响孩子的康复。作为父母，我们可以怎样帮助孩子呢？

1. 如何应对焦虑症

焦虑症的治疗方式主要包括药物治疗、心理治疗和父母支持三种。

（1）药物治疗。目前，常用的治疗焦虑症的药物主要有苯二氮䓬类药物（如氯硝西泮、阿普唑仑等）、选择性 5- 羟色胺再摄取抑制剂（如帕罗西汀等）、5- 羟色胺和去甲肾上腺素再摄取抑制剂（如文拉法辛、度洛西汀等）、5-HT1A 受体部分激动剂（如丁螺环酮、坦度螺酮等）等。医院专业医生会根据患者的焦虑类型和疾病严重程度制订相应的药物治疗方案。

（2）心理治疗。适用于焦虑症患者的心理治疗方式有很多，如认知行为疗法，支持性心理治疗、精神动力学心理治疗和暴露疗法等。其中，认知行为疗法最为常见，临床应用范围最广。

就起效时间而言，相对于心理治疗，药物治疗起效更快，急性期效果更显著，易于获得，患者消耗的时间精力也更少。特别是当我们的焦虑已经严重干扰了正常生活和工作时，药物可以在较短的时间内帮助我们缓解症状。心理治疗相对于药物治疗而言，作用更持久，但可得性不如药物治疗，需要花费患者或家属更多的时间和精力。因而，如果患者情况允许，一般可以采用药物治疗联合心理治疗，疗效优于单用药物或单用心理治疗。

就治疗过程而言，焦虑症的全程治疗分为急性期、巩固期和维持期，一般需要1~2年的时间。急性期治疗主要控制焦虑症状，以期达到临床痊愈的目的。症状得到控制后还需要进行巩固期治疗和维持期治疗，目的是预防疾病复发。当维持期治疗结束后，患者病情稳定，则可以逐渐减药直至停药。需要注意的是，根据中国《焦虑障碍防治指南》，不同类型的焦虑症所推荐的治疗时间有所不同，具体治疗时间需要咨询专业的医生。

因此，对于医生给我们制定的药物治疗方案，多和医生沟通，配合医生的治疗，才是最重要的。

（3）父母支持。在日常生活中，面对孩子的焦虑情绪，我们可以：

①适当了解儿童的心理。重视自家孩子的情绪变化，知道有哪些不良情绪的诱发因素，如学业问题、与同学相处问题、初次住校等。如果孩子遇到这些问题，家长请及时给予心理支持和帮助。千万不要有这样的念头："小孩子哪来的焦虑，都是矫情！""和同学处不好？这点小事有什么好说的，自己处理吧！""爸爸当年就是住校，也没不适应啊，你怎么这么娇气？"等等。孩子的心灵是脆弱的，需要父母的呵护。泼冷水只会伤了孩子的心，让亲子关系出现裂痕。

②帮助孩子提高自信心。例如，采用适当的方式帮助孩子提高学习成绩、发展个人特长等，同时帮助孩子培养健康积极的心态。清代思想家、教育家颜元说过："数子十过，不如奖子一长。"意思是说，数落孩子十个错，其作用不如赞美、奖励孩子一个长处。心理学研究也发现，人的本性都渴望得到夸奖和赞美，人们总是自觉或不自觉地用他人的看法来衡量自身的价值，对周围人的评价非常在乎。对孩子而言，赞扬和鼓励如同阳光，能扫除心中的阴霾，好孩子都是夸出来的。

③营造和谐的家庭氛围。若是父母离异，更应特别注意保护孩子，用更多的陪伴与关爱来打消孩子的焦虑不安。

2. 如何应对抑郁症

（1）认识并理解和接纳。

①家长主动学习。家长可以关注与精神（心理）疾病相关的官方网站，获

得关于青少年抑郁症防治相关知识；主动和医生建立良好的关系，全面了解孩子的症状、病情、治疗方案、药物不良反应及应对策略。

②建立联盟。家长之间或者与长辈之间对疾病的治疗要达成共识，配合医生的治疗并给予心理支持。要与老师沟通，了解孩子在学校与老师、同学的关系，以及学业情况等，便于更全面地掌握孩子患病的原因、诱发因素、情绪行为表现等基本信息。

③获得支持。可以与患同类疾病的孩子的家长建立联系，交流对疾病的认识、积极有利的康复措施、自己的感受、体验等，相互帮助提升认知、获得心理支持。

（2）及时陪同就诊治疗。

当我们发现孩子已经有了抑郁症的某些表现时，最重要的一点是尽快带孩子到正规的心理专科医院就诊。早发现、早诊断、早治疗，是抑郁症得以尽快改善的“不二法门”。如果孩子不愿意去医院，家长可以自己先与心理医生沟通，以便及时、准确地评估孩子的状况，学会使用科学的方法引导孩子。

确诊重度抑郁症的孩子需要接受抗抑郁药物治疗，严重的需要住院治疗，同时配合心理治疗。对于未成年儿童或者需要家长陪同就诊的孩子，家长最好一起去见医生，这样在孩子与医生的沟通中，可以补充相关内容，从而让医生更准确地判断病情进展，了解药物、心理治疗的效果，并根据病情及时调整治疗方案。当然，我们所担心的药物不良反应，也可以在医生的指导下减轻或者避免。建议同时接受心理治疗，帮助孩子更好、更快地认识疾病，改变不合理认知，改善情绪和行为。

（3）掌握照顾孩子要点。

①积极关注

我们可以多陪伴孩子，关心他们的情绪，耐心倾听他们的陈述，感受他们的痛苦；照顾好他们的饮食、起居，在饮食上多督促孩子吃些富含维生素 B 和氨基酸的食物，如谷类、鱼类、绿色蔬菜、蛋类等。可以制订一些家庭契约，尽量保持正常的作息规律；做好安全防范，特别是面对那些有过自杀、自伤行为的孩子，要把家里的危险物品，如刀具、剪子、绳子等统一保管，避免孩子拿到；如果是住高楼的，注意门窗设施安全，特别是当他单独出门时家长要掌握行踪，必要时让他做出承诺：不做危险的事，感觉难以承受的时候及时联系父母。

②尝试改变

父母自身能够觉察并管理好自己的情绪，营造民主、互助、和谐的家庭氛围。允许每个人表达自己的困惑、失败和负面情绪，并给予积极反馈，有能力的可以给予一些积极的解决问题的方式，避免相互嘲讽、冷落。摒弃对孩子不利的、无效的方式，如反复唠叨、指责；多使用对孩子有帮助的沟通方式，如鼓励、肯定等。

③心理治疗

除了药物治疗，心理治疗也有利于抑郁症康复。我们可以根据心理治疗师的意见和指导，结合孩子的性格特点、喜好在家庭中延续开展。常用于抑郁症的心理治疗方式包括：

- 运动治疗。建议频率为每周3次，强度为每次45~60分钟，持续至少10周。
- 正念冥想。帮助孩子学会关注此时此刻，觉察和接纳自己。根据心理治疗师的指导，陪伴孩子练习正念，每天10~30分钟。
- 认知治疗。在生活中帮助孩子认识疾病、识别自动负性思维，学会从多元的角度看问题，避免负性思维给孩子的不良影响。
- 行为治疗。通过鼓励、带领孩子与朋友长辈等建立关系，学会健康地表达自己的情绪，掌握有效的问题解决思路和积极的归因方式，寻找适合自己的解压方式。

2021年的世界精神卫生日，我国国家卫生健康委员会推出的主题为“青春之心灵，青春之少年”。从心理健康教育的角度而言，这一主题就是希望孩子主动学习心理健康知识，主动表达自己的心声；也希望广大的家长和教师能够关注孩子的心理表现，让患有抑郁症的孩子得到最适当和最专业的帮助；同时，希望全社会都来关注儿童孩子的心理健康，形成尊重、理解、包容的社会环境。

3. 如何应对强迫症

符丽萍在《世界最新医学信息文摘》中发表的《强迫症的发病原因》显示，强迫症常起病于青少年，100 个人当中就有 1~3 个人患有强迫症，但只有 1/3 的人会寻求医学帮助，个体从出现强迫症状到被确诊平均要经历 17 年。如果一个人在 15 岁出现强迫症状，30 多岁才确诊，这期间正是他从青春期进入成年期的重要过程，个体常常感到孤立无援，生活轨迹也会因此发生变化。因此，在面对患有强迫症的孩子时，我们可以做些什么？

（1）药物治疗。如果孩子的强迫症状严重影响了他们的日常生活，可以在医生的建议下使用一些抗抑郁药物或抗精神病药物来缓解症状。但是需要注意药物副作用对孩子身体的影响。

（2）心理治疗。心理治疗方式包括认知行为疗法、暴露疗法、对抗式思维训练等。心理治疗可以帮助孩子了解自己的问题，学习控制自己的行为和情绪，并建立健康的思维模式。

（3）家庭支持。家长应该支持和理解孩子的治疗过程，并鼓励孩子积极面对挑战。同时，家长可以学习一些心理技巧帮助孩子应对困难的情况。

（4）学校支持。学校应该为有强迫症的孩子提供支持和理解的环境，避免歧视和排斥他们。同时，老师可以协助孩子学习一些自我管理技能来控制自己的行为和情绪。

总之，儿童强迫症是一种需要引起重视的心理障碍。家长和教育工作者应该了解儿童强迫症的症状、病因和治疗方法，帮助他们建立健康的心理状态，提高他们的生活质量。

儿童青少年时期形成的一些心理问题，有可能伴随终身，如果恶化还会进一步导致精神障碍。这不像简单的感冒发烧，“扛”过去就好了。因此，我们需要多了解一些心理健康知识，多关注孩子的心理变化。在考试、升学等儿童青少年成长的重要节点，注意观察孩子的生理、情绪、行为、学业、人际关系等重点变化，恰当处理情感等关键因素，必要时还可以向专业人员求助。孩子的心理健康问题，事关民族未来。影响儿童青少年心理健康问题的因素来自多方面，积极应对需要全社会共同努力。通过营造良好的家庭、学校、社会环境，减轻儿童青少年的心理压力。

第四节　网络可利用

进入你
沉醉于心的一隅
荡漾中迷茫
一路到秋花烂漫
春的生机
绽放一枝深情召唤

随着互联网产业的迅速发展，网络成了一个信息极其丰富的百科全书式的虚拟空间，自由度强、信息量大、信息交流速度快、全球信息共享。我们在网上可以随意获取信息、学习知识、浏览世界、认识世界、了解世界最新的新闻信息、科技动态等，极大地开阔了视野。

同时，我们也应该认识到，网络是把双刃剑，它在给我们带来便利的同时，也存在不少安全隐患。由于网络的特殊性和网络发展的不完善性，再加上孩子身心发展的不成熟及安全意识淡薄，孩子极易受到不健康网站的影响，因此许多人痴迷网络游戏、沉溺不良网站等，思想受到侵害，甚至有可能出现违法犯罪的行为。

本节旨在探讨当今网络成瘾的普遍社会现象、网络成瘾的相关表现以及如何用好网络。

◎现象探索

根据中国互联网络信息中心（CNNC）发布的最新数据，在第 53 次《中国互联网络发展状况统计报告》中指出，截至 2023 年 12 月，我国网民规模达

10.92 亿，19 岁以下网民占比达 18.7%。国家卫生健康委员会 2018 年 9 月举行的新闻发布会表示，统计数据表明，全世界范围内青少年网络成瘾的发病率是 6%，我国比例接近 10%。

一位妈妈来到精神科诊室后，顷刻间崩溃，泣不成声。等到情绪稳定下来，她才告诉医生她的儿子本该念初二，但是现在被迫休学在家。每天都把自己锁在房间里，上厕所才出来，连饭都是父母苦苦哀求才愿意腾出时间吃两口，其他时间都在电脑前打游戏。整个人瘦了十几斤，瘦得没有了人形。任何人劝他，他都会发脾气。“儿子不愿交流，之前最好的小伙伴也不理了。他就像是活在另一个世界里的人，在生活中只剩下了吃饭、睡觉、上厕所和上网。”这是来自那位母亲的自述。

莆田市荔城区西天尾镇，一名 12 岁男生因沉溺网游，意外猝死。男生名叫阿聪（化名），去世前每天守在电脑前，沉溺在一款网络枪战游戏里，经常一玩就是 10 多个小时。在连续打了 5 个小时游戏后，他突然头痛，随后因抢救无效身亡。

这些案例不断出现在我们的生活中，甚至发生在我们自己孩子身上。假期中孩子使用电子产品的时间过长，是我们心中的一大痛点，一味强制禁止，反而使孩子产生逆反心理，越禁越想玩。“到了睡觉时间还在看电视，只想待在家里玩游戏不愿意出门……”越来越多家庭出现孩子沉溺电子产品的情况，孩子逐渐变成“低头族”，家长和孩子也因电子产品暴发不少的亲子冲突。

这个时代的孩子们虽然从小接触电子产品，但他们的内心都非常期望自我实现，他们对荣誉感、自我价值感的需求，都超越了我们的父辈、祖辈。他们每个人都想做英雄，都想要一段出色的征程。但现实生活中，无论是家庭、学校，还是班级都只有极少数人能成为“王者”。当孩子们在现实生活中难以获得满足时，便会到虚拟空间去自我实现。

◎理论解读

1. 什么是网络成瘾

网络成瘾是指在无成瘾物质作用下使用互联网的失控行为，表现为过度使用互联网后导致明显的学业、职业和社会功能的损伤。

说到网络成瘾，我们的第一反应就是网络游戏害人，其实网络成瘾包括：网络游戏成瘾、网络色情成瘾、信息收集成瘾、网络关系成瘾、网络赌博成瘾、网络购物成瘾等，其中网络游戏成瘾最常见。

在诊断网络成瘾时，持续时间是一个重要指标，一般情况下相关行为至少持续 12 个月才能确诊。

2. 网络成瘾的原因

孩子网络成瘾是生理、心理和社会因素交互作用的结果。青春期的心理冲突、学业的压力、不和谐的家庭氛围，以及不良的社会风气等，可能让他们无所适从，于是选择逃避，渐渐迷恋上虚拟的网络世界。

虚拟的网络世界会激发多巴胺系统释放多巴胺，使人感到愉悦，长此以往产生了积极强化作用，促使孩子沉迷网络无法自拔。

这时候我们就明白了，为什么孩子玩电脑的时候总是茶不思饭不想，愉悦的多巴胺持续作用于大脑，就会减弱其他情感刺激，对于外界的语言、行为刺激等都会熟视无睹。

3. 网络成瘾的症状表现

（1）产生耐受性。随着时间的推移，上网会产生耐受性。最初，孩子可能玩 10 分钟就满足了，之后却需要越来越长的时间，说明他可能已经对上网成瘾。

（2）对其他事情丧失兴趣。如果孩子过去很喜欢与小伙伴们一起踢足球或者对画画非常感兴趣，现在却对此类事情丧失兴趣，而只喜欢花上几个小时上网，说明他已经对网络上瘾。

（3）控制力下降。成瘾者通常控制力下降。如果父母强行不让他们上网，他们可能会有一些不良表现，但不一定是成瘾表现。

（4）撒谎。撒谎称自己没上网，偷偷将上网的电子产品带进卧室或者在其他隐秘的地方玩，又或者通过欺瞒家人的方式多玩一会电脑，所有这些都是成瘾表现。

（5）回避负面情绪。网络成瘾的孩子往往借助药物或者某种活动和行为避免自己出现负面情绪。上网的孩子如果回避悲痛、压力或者负面情绪可能是成瘾的一种表现。例如，如果你的孩子在和人打架或者和父母争吵之后便上网，说明他可能在用这种方式应对负面情绪。

（6）成绩下降，失去朋友。由于青少年长期沉溺于互联网，孩子的思维能力、记忆力和注意力越来越差，无法集中思想学习，学习成绩下降，甚至逃学。过度地依赖网络社交，容易产生孤独、焦虑感，情绪也变得低落、沮丧、没有自信，社会适应能力越来越差，朋友越来越少。

◎ 策略应对

孩子网络成瘾，比孩子更需要改变的，其实是父母。因为孩子是父母的镜子，父母用什么样的方式教育孩子，孩子就会变成什么样子。在这里从家庭的角度，给家长一些预防孩子网络成瘾的建议：

1. 预防孩子网络成瘾

（1）与孩子制定网络使用家规，共同遵守。

①家长和孩子都要清楚游戏规则，如每天玩多长时间。

②家长和孩子共同遵守，孩子不玩游戏时，家长也不要玩。

③及时予以表扬，孩子完成约定时要及时予以表扬。

制定家规后我们要温柔且坚定地执行，在尊重孩子的同时，保持执行规则的一致性。特别是不能把使用手机当成奖励和惩罚的工具。比如，不要以“让你多玩一小时手机”等作为听话的交换条件。

（2）家长以身作则。家庭的氛围对孩子的影响很大，父母要以身作则，要求孩子不玩游戏的时间，父母也不能玩。下班回家后，我们可以将手机等放一边，好好地陪伴孩子学习和玩耍。如果我们自己沉迷网络，一到家就躺在沙发上玩手机，会给孩子带来错误示范，并且产生“凭什么你可以，而我不能”的抵触情绪，弱化了家庭教育的效果。甚至有些家长，为了图一时清静，主动给孩子提供手机游戏，这些都是孩子沉迷网络的主要因素。

（3）建立并维护沟通桥梁，建立良好的亲子关系。父母要给予有效的陪伴，设置亲子时光等，做到真实地陪伴，走进孩子的内心，建立良好的亲子关系。建议父母每个月至少拿出一小时陪伴孩子上网，了解孩子使用哪些软件、接触哪些信息、有哪些社交对象，及时发现孩子在使用网络中存在的风险。

（4）发现优点，发展多元化兴趣。帮助孩子寻找兴趣爱好，避免把注意力全部放在游戏上。

（5）借助技术支持。市面上绝大多数手机都具备“健康使用手机”功能，家长可以通过该功能限制孩子使用哪些软件和使用时长。此外，建议所有网络游戏企业仅可周末和法定节假日的晚八点至九点，向未成年人提供1小时服务，其他时间不提供服务。建议家长也只在上述时段向未成年人提供上网设备，并且管理好成年人证件、上网密码、网上银行的支付密码等。

2. 孩子网络成瘾，怎么办

（1）父母发现青少年网络成瘾后要冷静再冷静。父母可以有焦虑，但不要过度焦虑，不要过度情绪化。父母温柔而坚定地向孩子解释自己的担忧，并明确表示自己的担忧是出于爱，让孩子感到你一直是他戒除网瘾的坚强后盾。

（2）找到原因，对症下药。当孩子沉迷于网络时，家长首先要分析原因，如家庭、 在校生活、人际关系等是否存在问题，可通过家庭、学校、孩子三方面制定管理规则，共同帮助孩子。

（3）良好沟通，制定规则。父母在和孩子沟通时可以批评孩子，但切不可对孩子全盘否定，甚至说出伤害孩子自尊的话：“你这样，整天上网，学习一塌糊涂，太丢人了！”家长可以和孩子商议制定出规则，明确上网的时限，遵守规则如何奖励，违反规则又如何处罚。

（4）增加陪伴，关心、关爱孩子，建立良好的亲子关系。当孩子沉迷网络，影响学习、生活的时候，自己可能也很焦虑，甚至产生负罪感。此时，他最需要家长的支持和陪伴，而非指责。家长可以结合孩子已经出现的负面问题，适时地跟孩子探讨沉迷网络的危害，帮助孩子寻找解决办法。

（5）培养兴趣爱好，走出网络世界。鼓励孩子多接触积极向上的兴趣爱好和活动，比如团体运动、课后社团，积极参与自己感兴趣的活动，融入现实活动和人际交往。家长可以陪孩子多参加一些线下互动活动，比如跟孩子一起阅读，参加球类活动或者是户外的团体活动、外出亲近大自然、多交朋友、培养其他兴趣等。

（6）寻求专业帮助。当家长尝试一些方法后仍不能帮助到孩子，请及时就医寻求专业人士的帮助，不要讳疾忌医。如果孩子已经出现了网络成瘾，学习、生活、社交、心理等受到严重影响，家长不要过度指责批评，更要对孩子保持耐心，要在正规、专业精神科医生的指导下进行治疗。治疗手段包括环境干预、行为干预、心理支持，情况严重的，还需要适当的药物干预。

家庭永远是孩子最温暖的港湾，也应该是防范网络沉迷的第一道防线。防治未成年人网络沉迷是一个系统工程，希望家庭和学校、政府和社会携起手来，给未成年人构建一个健康、清朗的网络环境！

第五节　生命需珍爱

鸟儿在天空翱翔

花儿在山野怒放

世界如此美丽

所有的生命都生机勃勃

匆匆的岁月正在点燃

对你的爱念

生命是什么？冰心说：生命像东流的一江春水，他从高处发源，冰雪是他的前身……生命像一棵小树，他从底部聚集起许多的生力，在冰雪下生长，在早春湿润的泥土中，勇敢快乐地破壳而出……”世界上每一个生命都是来之不易的，人的生命更是如此。每个人的生命只有一次，这仅有一次的生命还是一条单程旅行，走不了回头路，所以我们要珍惜生命、敬畏生命，要努力探寻生命的意义，活出自己生命的价值。

◎现象探索

生命是其他一切价值的前提，没有了生命，其他一切都无从谈起。每个生命都是神圣的、不可复制的。我们每个人只有一次机会来体验这个美妙的生命旅程，绽放属于自己的生命之花。然而，有些人却不懂得珍惜生命，从而导致了很多不必要的伤害和死亡。有一天，我从超市回来，忽然看见一大群人围在小区楼下并议论纷纷，小区地面上还铺设了气垫。我一看，原来是有人坐在窗户上，正在不停地哭泣，非常伤心，想要跳楼自杀。周围还有许多的警察，其中的一个警察正在对坐在窗户上的那个人进行劝说。在警察苦口婆心的劝告和气垫的保护下，这个人成功地获救了！在我们的生活中，确实存在以下几种现象。

1. 自杀导致的死亡

据2007年北京心理危机研究与干预中心发布的《我国自杀状况及其对策》显示，自杀是我国总人口第5位死因，因自杀死亡者高达28.7万，是15~34岁青壮年人群的首位死因，2023年在《中国疾病预防控制中心周报（英文）》的研究指出：儿童青少年组自杀死亡率呈上升趋势，在中小学开展生命教育课程也是迫在眉睫。

2. 疾病导致的死亡

有的人在饮食方面不懂得珍惜自己的健康而丧命，比如喜欢叫外卖、吃快餐、吃烤肉和高油脂食品等，长期吃这些食物，容易患心脑血管疾病，还容易致癌。《中国居民营养与慢性病状况报告（2020年）》显示，2019年我国因慢性病死亡的人数比例占总死亡人数的88.5%；2023年中国慢性病防控大会报告显示：2023年我国慢性病患者已超过3亿人，成为我国国民健康的头号杀手，其中心脑血管病、癌症和慢性呼吸系统疾病的死亡比例达到80.7%，每年新增癌症病人70万。据《2022中国卫生健康统计年鉴》显示，我国因疾病死亡的人数为1 041万。

3. 冒险导致的死亡

也有的人在冒险和极端运动中丧失生命。这些活动往往在危险的环境中进行，需要较高的技巧，如果不小心，参与者就会付出生命的代价。例如，户外登山探险或者在超过自己的能力范围的深海潜水等。《2022年度中国户外探险事故报告》显示，因户外探险涉及人员伤亡事故有326起。

4. 不可抗拒因素导致的死亡

2023年7月受超强台风“杜苏芮”的影响，不仅福建等沿海地区受灾严重，而且我国华北、黄淮等内陆地区也受灾严重。纵观近年来的自然灾害和其他突发事件，我们发现生命随时可能会面临地震、台风、意外、战争、突发性疾病等很多不确定因素的影响。一个人意外死亡的概率有多高？国家统计局2022年的数据显示，在中国每年非正常死亡人数超过 320 万，平均每天有 8 700 多人死于意外事故，也就是平均每分钟大约有 6 个人死于意外事故。看了这组数字，你有何感想？生命稍纵即逝，活着就是一种幸运！

◎理论解读

“盛年不重来，一日难再晨”，每一个生命都是不可替代的存在，就像“世界上没有完全相同的两片树叶”，世界上也没有完全相同的两个人，在这个独特的生命里，我们更要活出它的意义和价值，做一个有理想、有追求、有担当的人！伟人毛泽东用生命留下千秋的丰碑，哲学家马克思用生命留下深邃的思想，诗人陆游用生命留下摄人心魄的情感。

1. 什么是生命

生物学定义：生命是生物体所表现出来的自身繁殖、生长发育、新陈代谢、遗传变异以及对刺激产生反应等复合现象。

现代生命观：生命是一个具有与环境进行物质和能量交换、生长繁殖、遗传变异和对刺激做出反应的特性的物质系统，包括植物、微生物、动物和人类等。

特别是在自己和家人生病时，我们一次次地看到了生与死。对于生命，我们无时无刻不在面对着挑战，特别是被病痛折磨的人，也无时无刻不在祈求能活下去——在艰难的日子里，生命给了我们新的力量，我们努力去探索它的需求，寻求它的价值。马斯洛的需求层次理论指出，人类的需求像阶梯一样，从低级到高级分为五个层次：生理需求、安全需求、归属与爱的需求、尊重需求和自我实现需求。在生病期间，我们渴望得到生理、安全、归属和爱！在这些基本需求得到满足后，我们也要活出生命的意义，让自己成为自己期望的人。

2. 什么是生命周期

每个人的生命会经历诞生、发育、成熟、衰老、死亡五个阶段。

（1）生命的准备阶段，即生长发育阶段。从胎儿至生长发育结束，包括：胎儿期、婴儿期、幼儿期、童年期、青春期和青年期前期（约 25 岁前）。通过这个阶段，生长发育基本完成，在校学习阶段结束，一个人生存的本领已经习得，并获得了独立生存的能力，这时的人生需要有理想、有抱负，发展好健康体能。

（2）生命的旺盛阶段：生长发育基本完成至人生保护阶段开始，包括青年期后期和壮年期前期（25~35 岁）。这时，不论从生物学意义上，还是社会学意义上都是人生最强壮的时期，这时的人生需要奋斗，需要智慧，更需要理性，需要保持好健康体能。

（3）生命的保护阶段：壮年期后期至中年期结束（35~60 岁）。这时，各种慢性非传染性疾病开始发生和发展，衰老、衰退逐渐显现，这时的人生需要沉着冷静，保护好健康。

（4）老年生活质量保护阶段：60 岁以后。衰老、衰退开始加速，这时的人生需要情怀，需要保护身体健康和维持生活的质量。

（5）生命的最后阶段，正确面对死亡：当人的心脏停止跳动，一个生命就走向了死亡，就像树叶由绿变黄再凋零一样。人死亡后，所有的机能都停止了活动，不会再有感觉，不会再感到饥饿、炎热或是寒冷，也不会再呼吸、说话和吃东西了。死亡是自然规律，人都有一死，因此我们不是要挑战死亡，而是要接纳死亡。

在生命的长河中，我们会面对困难、挫折。正如拜伦所说，“一切痛苦能够毁灭人，然而受苦的人也能把痛苦消灭！”生命需要我们学会坚强，用心去感受世界的美好！

◎ 策略应对

对于这短暂而宝贵的生命，每一个人有爱护自己生命的责任，也有享受生命的权利。但只有健康地活着，权利才会得到保障。因此，我们只有在尊重、爱惜和维护生命的前提下，生命的意义和价值才能实现。也就是说，只有学会了善待和敬畏生命，才能绽放生命之花！

1. 如何应对自杀

（1）请珍爱自己的生命，关心自己的心理，与自己和谐相处。

怨恨、批评、内疚、恐惧，是我们生活中的恶习，很多疾病也是我们内在情绪造成的。维克多·弗兰克尔在《活出生命的意义》中写道："人所拥有的任何东西，都可以被剥夺，唯独人性最后的自由，也就是在任何境遇中选择自己的态度和生活方式的自由——不能被剥夺。"比如：在生活中，别人惹怒了我们，一般人都会觉得这是别人的错。其实，真正激怒你的是你易怒的心。你若对他人的行为看不惯，而你又无法改变他人的行为，那就改变自己的内心，降低对他人的期待，与他人保持心理上的距离，才能降低他人对你的伤害，那么你也不会发怒。如果我们能够时刻关照自己的内心，不困于执念，不因为外界的人或事而去为难与委屈自己，那么，外界的一切便不会侵扰到你，烦恼和痛苦便不复存在了。我们要懂得接纳自己，不为难和委屈自己，多听从自己内心的声音。无论你的成就如何，都要善待自己。不要过于苛责自己，要学会接纳自己的优点和不足。每个人都有自己的长处和短处，重要的是认识和接纳它们。我们还要学会关注自己的情绪和情感，了解自己情绪的内在需求和情感状态。学会表达自己的情感，释放负面情绪，保持情绪的稳定和积极。不念过去，不畏将来，全然地活在"当下"。

（2）做有意义的事情。

生活中有许多有趣的事，生命中有许多美好的东西，我们可以尝试着去做自己喜欢的事。同时在日常生活中要学会善待自己，学会放飞自己，让自己更贴近自然，还要学会以一颗平常心对待生活，适时调整自己的心态，平静地面对生活中的一切。无论遇到多大的困难，一定要相信，人生没有过不去的坎，要学会换位思考，以积极的心态去面对生活。

我们要珍爱生命，让有限的生命焕发光彩，并为之不懈努力，不断延伸生命的价值。树立远大的理想，要为了理想而努力着，无论遭到多大的挫折，都不要轻易放弃生的希望。

2. 如何应对疾病

（1）拒绝不良嗜好，远离成瘾物质。

16 岁的男孩小华虽然从小爱玩好动，但学习成绩还算不错。有一天，他正在街上闲逛，看见一群和他年纪差不多的人，他们掏出一种白色粉末，围坐在一起，一副“飘飘欲仙”的样子，一下子就引起了小华的好奇。当“哥们儿”怂恿他尝一口时，小华毫不犹豫地伸出了手。有了第一次，就有第二次、第三次。后来，为了弄到钱买到那些药品，小华开始学会说谎，也没心思上学了，甚至骗低年级同学的钱，骗家长、亲戚、朋友的钱。最后就到处去偷，有一天晚上为了偷到更多的钱买成瘾物质，纵火烧死了三条鲜活的人命，当然他也被绳之以法。

公安部2022年发布的《2021年中国毒情形势报告》显示，截至2021年年底，全国现有吸毒人员148.6万名。为了自己，为了家人，一定要慎交朋友，乐交净友，不交损友。远离成瘾物质，就是远离致命的恶魔；拒绝成瘾物质，就是避免人间悲剧。

（2）养成良好的行为习惯。

俗话说：习惯养得好，终身受益；习惯养不好，终身受累。从今天起，合理安排每日作息，健康上网，文明上网。不沉迷网络，拒绝各种网络不良信息的诱惑，用积极的行动养成良好的习惯，用良好的习惯培养健康的性格，用健康的性格创造未来多彩的人生。

①养成良好的运动习惯。运动让你的身体变得更健康，它可以提升心肺耐力，预防心脑血管疾病；改善呼吸系统的功能；还可以控制体重，改变体形，增强自信和改善个人形象；运动还能缓解心理压力。因此，请不要犹豫，也不要等待，给自己制订一个适合的健身计划吧。你无需给自己定太高的运动强度，哪怕每天坚持跑一公里，时间长了，也自然会看出变化。

②养成良好的饮食习惯，注意营养均衡。俗话说：早餐吃好，午餐吃饱，晚餐尽量六分饱，少吃夜宵身体好！

③养成良好的睡眠习惯，保障自己充足的睡眠时间，因为睡眠也是一个非常严肃的问题，它占据了我们整个人生当中大约三分之一的时间。《斯坦福高效睡眠法》这本书中写到睡眠的五大使命：让大脑和身体得到休息；整理记忆；调节激素水平；提高免疫力；排除大脑中的废物。

3. 如何应对冒险

在做探险活动时，不要有从众心理，更不要鲁莽行事。在做一些探险活动前，先了解该活动的风险，做好评估，规避风险。当然还得掌握好必要的技能技巧，不能盲目行事。

首先，针对每次探险活动要收集足够多的信息。比如野外探险活动，肯定要先了解目的地的地形、天气、野生动植物、危险区域等信息，做好充分的准备，制订合理的计划。其次，要准备合适的装备。最后，一定要结伴而行并做好人员的分工，比如物资储备、医务安排等。

4. 如何应对不可抗拒的因素

世界上有三种事：别人的事，自己的事，老天的事。别人的事我们管不了，也不用去管；尽量做好自己的事；老天的事情，我们无能为力，只有顺其自然。

余华在《活着》说："生命是属于每个人自己的感受，不属于任何别人的看法。"每个人都是自己生命的主人，是自己生命的创造者和塑造者。我们要看到自己的存在，拥有自己的思想、行动、快乐与痛苦等，去感受生命对自身的意义。我们也要看到自己的生命对他人的意义，感受与他人相处的快乐。从帮助别人、安慰他人、分享东西、保护他人的事件中感受生命的意义与快乐。我们更要看到自己的生命对社会的意义，所从事的工作对于社会的运转，对于社会的发展，都有怎样的意义。生命十分神奇，生命来之不易，我们要学会保护自己，让生命得以健康地延续。让我们珍爱生命，绽放生命之花，点亮未来之路！

第六节　性侵要预防

一只鸟折断了翅膀
该如何飞翔?
一朵花蕾忘记了绽放
该如何清香?
让花神守护芬芳
让我，守护你的心房

中国少年儿童文化艺术基金会女童保护基金、北京众一公益基金会 2023 年发布的《中国儿童防性侵十年观察报告（2013—2023）》显示，性侵儿童案件中受性侵儿童呈低龄化趋势明显，中小学学龄段受害人占大多数。性侵儿童的手段花样百出，如猥亵、骚扰、强奸等。通过对我国性侵害未成年人犯罪案件的实证考察可以发现，性引诱行为是客观存在的。我们要及时识别、阻断性引诱行为。首先，家长和孩子都要提高防范意识；其次，家庭、学校、社会要建立相应的预防和保护机制，这样才能有效预防性侵害犯罪的发生。

◎现象探索

最高人民检察院 2022 年 6 月 1 日发布的《未成年人检察工作白皮书（2021）》披露，2021 年，全国检察机关对侵害未成年人犯罪提起公诉 60 553 人，同比上升 5.69%，其中对性侵犯罪提起公诉 27 851 人。此外，最高人民检察院对 30 起性侵未成年人重大敏感案件挂牌督导，会同相关部门制定《关于办理性侵害未成年人刑事案件的规定》，制发性侵犯罪典型案例。而被公开的与实际发生的案例相比只是冰山一角。“女童保护”发现性侵儿童案件的最主要特征之一是熟人作案比例居高。未成年人性侵案件的加害者有85%来自孩子最熟悉、最信任、最尊重、最亲近、最依赖的人，15%来自陌生人。遭遇性侵害后，受害者不但有身体上的创伤，还可能形成性观念的扭曲、抑郁——后果不堪设想。

性侵不仅会对孩子生理造成严重伤害，对心理也有明显而持久的影响，甚至会影响终身。性侵害事件对儿童的心理功能会造成短期和长期的影响。

1. 短期影响

（1）生殖系统感染或怀孕风险。比如，感染艾滋病或性病风险，或其他方面的身体伤害。

（2）应激反应。比如，恐惧、焦虑、易怒、抑郁、冲动、注意力难以集中、日常生活退缩等。

（3）行为问题。做噩梦、退行（如遗尿）、带有性特征的行为以及攻击行为，学校适应、同伴相处及学习困难。

2. 长期影响

（1）创伤后应激障碍。受害者出现应激反应：噩梦、创伤事件的闪回、面对威胁时的无助感和焦虑感。

（2）心境和情绪障碍。受害者存在持续的恶劣心境和情绪，例如焦虑、抑郁、低自尊，并可能自残及自杀。

（3）人际关系障碍。受害者难以信任他人、与父母交流困难，育有子女后也难以和自己的孩子交流。出现婚恋问题和性取向问题。

（4）物质滥用。受害者借助酒精或其他药物，暂时缓解低自尊和孤独感，应对不愉快记忆和现实中的压力，以求一时的放松和解脱。

2017年，作家林奕含被发现于住处自杀，年仅26岁。林奕含13岁时曾遭受补习班老师的性侵，从此影响了她的一生。她在半自传式小说《房思琪的初恋乐园》里写道：“我是馊掉的柳丁汁和浓汤，我是爬满虫卵的玫瑰和百合。”

◎理论解读

为了让孩子得到应有的保护，懂得自尊、自爱、自我保护，我们要对孩子开展多方面的性健康教育，全方位地认识性。

1. 性的三个层面

（1）生理层面：性发育、性健康、性器官、生育。

（2）心理层面：性认同、性吸引、性倾向、性感受、性愉悦、性幻想、性冲动。

（3）社会层面：亲密关系、性规范（法律和道德）。

2. 开展性教育的目的

（1）人格建设：提高自尊、自信和自我接纳的水平。

（2）能力提升：提升构建积极（社会和性的）关系的能力。

（3）性的管理：有能力管理性需要，做负责任的性决定。

（4）预防：非意愿怀孕、性传播疾病（如艾滋病）、性侵犯。

3. 什么是性侵害、性骚扰

（1）性侵害是指加害者以威胁、权力、暴力、金钱或甜言蜜语，引诱胁迫他人与其发生性关系，并在性方面造成对受害人的伤害的行为，如性骚扰、猥亵、强奸等。总之，任何非自愿的性行为、违背对方意愿或未经同意的性接触都属于性侵犯。

（2）性骚扰是指一种性或性别上的言语、行为或建议，对一个人造成不必要的、无意义的或不受欢迎的干扰。这种行为不仅违背了基本的道德和伦理，还会对被害人产生不良影响。此外，还包括侵犯个人身体尊严的行为，如非法侵入、强奸、性别歧视等。

4. 常见的性侵害行为

（1）不必要却有意地触碰他人隐私部位；在隐秘的地方，叫他人脱下衣服或裤子，触摸他人的隐私部位。

（2）让他人摸自己身体的某个地方（胸部、生殖器），或者让他人看自己的裸体或者隐私部位。

（3）用身体的某个部位（生殖器或者嘴巴）接触他人身体的隐私部位。

（4）在公交车、电影院等公共场所摸他人身体的隐私部位。

（5）引诱他人看带有身体裸露的人像图片（如黄色书刊）或不健康的影视视频。

（6）通过网络或者拍摄照片、视频等方式叫他人裸露自己的身体。

5. 性侵害的分类

（1）行为上的性侵害：把他人带到隐蔽的地方，强迫他人脱衣服裤子看隐私部位。脱掉自己的衣服裤子，强迫他人去看他们的隐私部位。触摸他人的隐私部位。强迫他人去摸他们的隐私部位，或者用自己的隐私部位去触碰他人。

（2）言语上的性侵害：对他人讲下流的话。

（3）视觉上的性侵害：强迫他人一起观看有裸露镜头的电影和视频。

作案者不一定有身体的接触，可以通过网络以诱骗、强迫或者其他方法要求他人拍摄裸体、敏感部位照片、视频供其观看，进行猥亵。

◎策略应对

在大多数中国人的心里，往往都觉得性是隐秘的，是被藏在夜里的，特别是在有的成人的眼里，性只是生育的工具而已，它可能是狭隘的，是不可以公开讨论的。其实，这些只能说明我们对性的认识不够全面。家长首先要学会接纳，消除性耻感，解锁性教育能力，不再有对“性”的污名化，对性话题脱敏；不回避、不反感、不阻止孩子提出性问题；以开明、坦然的态度谈论性话题。

1. 如何预防性侵害

（1）日常生活中如何防范性侵害

- 不要随便饮用陌生人递送的饮料、食品等。
- 尽量避免单独与异性待在一个密闭的空间中（熟悉的人也要注意防范）。
- 尽量不要单独待在僻静的地方，如僻静的公园、废弃无人管理的建筑物等。
- 夜晚外出聚会尽量少喝酒，要保持头脑清醒。
- 对于任何让你觉得不舒服的身体接触，要勇敢地说“不”，并学会为自己留一手。

- 保护好自己的隐私部位，穿着要得体。
- 安全上网，防范网络陷阱，不随便约见网友，保护好自己的隐私，谨防网络猥亵和网络暴力。

（2）父母对孩子的性教育越早越好，需培养的5个习惯：

- 不轻易把孩子交给除家人以外的人照看，对照看孩子的人要充分了解。
- 无论多忙，都要细心观察孩子的异常反应。例如，孩子变得胆小，爱哭，忽然不喜欢上学，很害怕，特别恐慌等。
- 妈妈在给孩子洗澡或洗衣服时，要经常不露声色地检查孩子的内衣裤及生殖器官。
- 分阶段性地教育孩子。在婴幼儿时期，就让孩子知道自己的隐私部位，如果有人摸了隐私部位，要第一时间告诉家长。家长不要说得太多，更不要去恐吓孩子。在小学阶段让孩子知道性器官的准确名称，学会保护自己的隐私部位，并教会孩子学会应对各种情况，把生命安全放在第一位。
- 随时教育孩子学会保护自己的隐私部位，不随便接受别人的恩惠。

2.如何保护自己

（1）认识自己和他人身体的红灯区、黄灯区、绿灯区，保持正常的社交安全距离。每个人都有不同的身体界限，不一样的人碰我们的感觉是不一样的，因为每个人允许别人碰触的尺度也不同，所以我们要明白自己的身体界限。

红灯区：女生为背心、裤衩遮盖的地方，男生为裤衩遮盖的地方。任何以肢体、语言、图画暗示或其他方式试图挑逗我们，妄想闯入我们红灯区的行为，都属于性骚扰或性侵害。不论他是谁，即使是长辈，是老师，也要断然拒绝！别人的红灯区，一定不要触碰；自己的红灯区一定要严加防护。

每个人的黄灯区、绿灯区（手、肩膀、头等）可能不相同，我们要尊重别人的标准。

（2）识破性侵害的伎俩

- 以甜言蜜语、贿赂收买来诱惑实施性侵害。比如，以送玩具、娃娃、糖果、饮料等为诱饵。

- 利用受害人的过错或隐私来要挟实施性侵害。
- 利用自己的权势、地位、职务之便实施性侵害。
- 使用暴力威胁、言语恐吓实施性侵害。
- 借助问路、带路、找东西等让儿童帮忙，到偏僻的地方后实施性侵害。

坏人并不等于“长得坏”，有的人长得很好看，看上去很和蔼，也可能是坏人。所以，请一定要警惕，特别要预防性骚扰。性骚扰是一种不道德的行为，通常发生在工作场所或社交场合。

特别提醒，犯错的不是你，而是侵犯你的人，受惩罚的人应该是侵犯者。当然为了更好地保护好自己，我们尽量小心点，不让侵犯者有可乘之机。万一遇到了坏人，在人多的地方可以大声呼救。在僻静人少的地方，勿大声呼救以防激怒罪犯。但一定要记住：在反抗罪犯时，一定要把生命安全放在第一位。

3. 如何应对性侵

首先要认识到：被性侵不是受害者的错，更不要把被性侵看成自己的污点，一定要寻求援助。

（1）法律援助：报警并收集证据。

如果孩子遭遇性侵，家长首先及时报案配合警方查清案件，缉拿真凶，避免再次受到伤害，也让更多的孩子免于受到伤害。

（2）生理援助：及时去医院进行相关检查、取证和治疗。

孩子在受到性侵犯之后，家长不要立即帮孩子洗澡或是清洗衣物，要带着孩子及时去医院接受检查，如果能在警察的陪同下最好。应做好以下几方面的预防：

- 避孕方面。按照用药说明服用紧急避孕药，避免漏服。
- HIV（艾滋病）阻断。24 小时内服用效率最高，可在网上搜索能提供艾滋病阻断的医院，电话确认后，立即前往就诊。
- 梅毒、乙肝、淋病等。24 小时内去相关医院打阻断针，越早越好。

（3）心理援助：寻求专业人士（如心理咨询师、心理治疗师和一些社会工作者）的心理治疗。

4. 特别提醒：孩子的哪些异常表现值得警惕

如果孩子出现以下行为，家长要警惕孩子是否被性侵：

- 突然出现带有性特征的行为。突然出现想要触摸自己的或其他孩子、成年人的身体尤其是隐私部位的欲望。这种行为常常是为了试图使他们曾经的受虐正常化，也可能是孩子曾接触色情资料的信号。
- 身体出现非理性的不舒服状态。莫名其妙地哆嗦；喜欢捂着肚子；高烧不退；喜欢尖叫等。男童被性侵后，还可能出现大便带血、干燥等现象。
- 突然出现恐惧感。害怕来访的某个人或者害怕参加某些活动，强烈不愿被人打扰，不愿与人交朋友，也不愿被某个人关注。与人（尤其是异性）接触时出现恐惧，要求父母陪在身边，甚至会突然地哭哭笑笑。
- 性格突然发生较大的转变。从特别安静变得非常好斗，或者从非常喜欢外出变得孤僻、安静等。
- 在行为上，明显表现出对他人的愤怒和侵犯。年纪较小的孩子可能会在玩玩具或与同伴玩耍时，突然变得爱欺凌弱小；年纪较大的孩子会表现为对某种物质的滥用，尤其是酒。
- 睡眠失调。很难入睡，反复锁门；或者多次全身大汗，从噩梦中惊醒。
- 纵火或突然喜欢玩火。
- 画特别的画。例如画蛇，画有火的画，或画一些特别的人物等。
- 饮食突然没有规律。有时暴饮暴食，有时又不吃不喝。
- 性侵造成的生理变化和身体异常。例如不正常的阴茎或阴道分泌物，生殖器区域的疼痛、伤痕，尿频或者排便困难。

在孩子生活的世界里，确实存在着可能伤害他们的因素，我们应该主动了解性侵害发生的具体情况和应对方法，了解越多，伤害越少。

每个人都是家庭不可缺少的一份子，平安健康是每个家庭成员的责任。学会保护自己，是对自己负责，也是对家人负责。孩子是我们的未来，是祖国的未来，防范性侵害，健康护成长！安全最重要，防范要做好！

第七节　爱情何相待

不像攀援的凌霄花

不学痴情的鸟儿

不是送清凉的山泉

不是衬托你威严的险峰

也不是照射你的日光和滋润你的雨露

而是，和你终生相依的一株木棉

爱情是一种发自内心的爱慕与倾情，是一种深入骨髓的陪伴与付出。它包括信任、尊重、理解、包容和牺牲，两个人愿意为对方奉献，愿意为对方的幸福而努力。它需要经过长时间的相处，逐渐了解对方的优点和缺点，然后选择接受和包容。

在爱情中，两个人会不断地成长和进步，共同面对生活的挑战。弗洛姆曾经说过：“ 爱是人的一种主动的能力 , 是一种突破使人与人分离的那些屏障的能力 , 一种把他和他人联合起来的能力。爱使人克服孤独和分离感 , 但爱承认人自身的价值 , 保持自身的尊严。” 真正成熟的爱情，是两个独立的个体相互欣赏、相互负责、共同进步。

◎现象探索

1.“别人”的浪漫

男生 F 和女生 Z 正在热恋期。Z 喜欢感受下雨，F 总是在下雨的时候为 Z 撑着伞，伞的大半部分都遮着 Z，每次雨水都打湿 F 的身体，他没说什么，只是默默看着 Z 陶醉的脸。他觉得很幸福，Z 也觉得很幸福。

这是让人羡慕的爱情，可能也是“别人”的爱情。看到别人的爱情都是浪漫、甜蜜又幸福的，怎么到了自己的爱情，每天都是一地鸡毛，鸡飞狗跳？在这个错综复杂的社会关系中，有多少人的亲密关系磕磕绊绊，甚至伤人伤己？在面对自己的婚姻时，感觉困难重重，爱情何相待？

2. 情的困惑

心理咨询师 T 最近接到朋友 M 的电话，M 说：“我最近陷入了一段感情纠葛，真的很痛苦。我和男朋友在一起有一段时间了，但是我们的感情总是起起伏伏，有时候觉得很相爱，有时候又有很多问题。男朋友有时候对我很好，热情回复我的信息，见面时也很开心和激动；但有时候他几乎整天不回复我的消息，打电话也不接，似乎我的生命中他根本不曾来过。我说想去看他时，他总是找各种理由拒绝。我真的不知道他是不是真的爱我？”

3. 爱的幸运

在 2002 年 4·15 釜山空难中，一对韩国夫妇幸运地躲过一劫。坐在 14A 座的太太被倒挂在座位上，安全带卡住了她，苏醒后，她发现坐在 14B 座的丈夫还活着，便艰难地帮助丈夫解开安全带。丈夫终于解脱下来了，但他右臂断了，无法帮助心爱的太太解开安全带。此刻，飞机残骸随时都会发生爆炸，太太焦急万分，先生说：“我永远和你在一起！”他不愿一个人离开求生。这时，太太问：“你会爱吗？一起死没有任何意义！”在她的劝说下，丈夫才咬着牙依靠左臂爬下了飞机，寻找到了救援人员，交代清楚后，自己便晕了过去……后来他们两个人都得救了。

“夫妻本是同林鸟，大难临头各自飞”，这不是爱情本来的样子。爱情虽然有时候是一地鸡毛，但也有温馨、浪漫和幸福的时刻。有人说肤浅的爱是用皱纹记录的，而智慧的爱是用血记录的。由此可以看到，爱是要用行动去表达的，而不单单是用言语来表达的。爱在心？在口？在手？在细节？那么，我们如何做才能让爱情保持幸福甜蜜呢？如何让幸福生长呢？带着这些思考，让我们走进这一节的主题——爱情何相待。在这一节中，我们一起来解码爱情。

◎理论解读

当你爱上一个人并产生了情感上的依恋时，你会觉得你们在一起很安全，对方能与你产生共识，你会觉得能被理解、被看懂，同时也会觉得很温暖、幸福和甜蜜。

1.何为爱情

情就是一种感觉，一种美好而愉悦的感觉，一种让你享受的感觉；爱是一种责任和担当，爱的本质是追寻精神上的满足，突破使人分离的屏障，从而克服孤独和分离感。真正的爱情是：深情而不纠缠，依恋而不依赖。在爱的亲密关系里，一定是我与你的关系，我们之间的关系，而不是我与他者的关系。因此，你既不能把自己当作疏离淡漠的客体打扮，也不能将相伴一生的人视为私人物品或者实现某个目标的工具。他（她）的存在，只是因为你想爱。

2.识别爱情

在选择配偶的过程中，识别真伪很重要，既要学会去鉴别对方的爱的真假，也要识别自己的内心世界的真实需求，了解自己的择偶标准。在爱情当中，人们常常以为是爱让双方走在一起，其实这份爱里也可能掺杂了许多其他心理因素与物质、社会因素。也许是虚荣，或征服的欲望；也许是现实的利益；也许仅仅是性；等等。或许，我们与爱情还有一段无法克服的距离，爱情对我们来说就是一个不断追逐的目标和不断改变的体验。这可能有点残酷，但如果事实如此，我们是否还有勇气去爱和被爱?

请选择相信你自己，你可以选择你想要的爱情模式；你也值得拥有你想要的爱情模样。首先，要爱自己，爱对的人。因为如果你不会爱自己，即使遇见对的人，你也不知道怎么去爱他。我们在单身的时候，就要学会把自己的日子过好，做个自强、自立和自爱的人。其次，还要有接受爱的能力。每一个人都是值得爱和被爱的。同时，每一个人都是可以选择爱情的，即使每个人对理想爱情的憧憬不一样，爱的表达方式也不一样，别人表达的爱也许与你想要的爱不一样，我们也可以接收到爱的信号。接受对方的爱，做一个成熟的恋人。当你越来越懂他的时候，你会发现，你也变得越来越懂自己。真正的爱，不是强迫对方变成自己喜欢的样子，而是帮助对方成为更好的自己。事实上，不存在天生对的人，对的人也是互相磨合与培养。

3. 了解爱情的类型

美国心理学家罗伯特·斯腾伯格提出的爱情三角形理论认为爱情由三个要素（见图 1–1）组成：激情、亲密和承诺。激情是爱情中的性欲成分，是情绪上的着迷；亲密是在爱情关系中能够引起温暖感受的体验；承诺是维持关系的决定、期许或担保。这三大要素组成了七种不同类型的爱情。

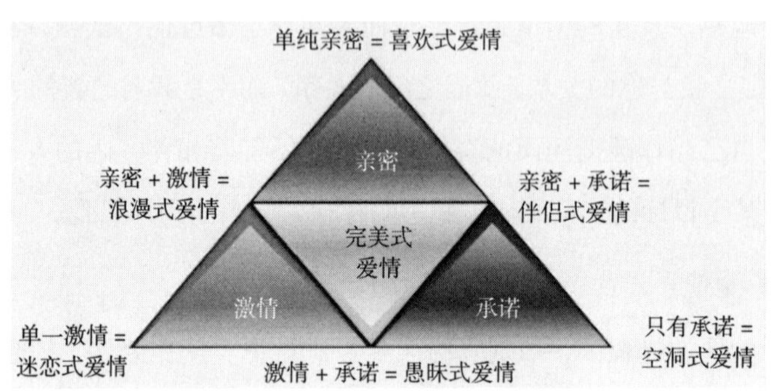

图 1-1　罗伯特 · 斯腾伯格的爱情三角形理论

资料来源：斯腾伯格，斯腾伯格 . 爱情心理学 [M]. 倪爱萍，译 . 北京：世界图书出版公司，2024.

（1）喜欢式爱情：只有亲密，在一起感觉十分舒服，但没有激情和承诺，如友谊。显然，友谊并不是爱情，喜欢并不等于爱情。不过友谊还是有可能发展成爱情的，尽管有人因为恋爱不成连友谊都丢了。

（2）迷恋式爱情：只有激情，认为对方具有强烈的吸引力，也就是所谓的“一见钟情”。此类爱情通常存在于初恋中，虽充满激情，却少了成熟与稳重。大多数人的初恋充满了激情，少了成熟与稳重，是一种受到本能牵引和导向的青涩爱情。

（3）空洞式爱情：只有承诺，如纯粹为了结婚的爱情，或所谓的“包办式婚姻”。一些极为强烈的爱情可能会淡化为空洞的爱。简而言之，空洞的爱可以是恋爱关系的起点，也可以是终点。此类“爱情”看上去丰满，却缺少必要的内容，金玉其外，败絮其中。

（4）浪漫式爱情：有亲密和激情，而没有承诺。此类爱情往往崇尚过程，对结果却不太在乎。

（5）伴侣式爱情：有亲密和承诺，而没有激情。此类爱情通常出现在婚姻中，在这种爱情中激情荡然无存，但深厚的感情和奉献精神仍然存在其中。跟空洞式爱情差不多，没有激情的爱情还能叫爱情吗？这里指的是四平八稳的婚姻，只有权利和义务，而没有感觉。

（6）愚昧式爱情：有激情和承诺，而没有亲密。缺少了亲密的激情只是生理上的冲动，缺少了亲密的承诺只是空头支票。“闪恋闪婚”等行为均可归结为愚昧的爱。

（7）完美式爱情：爱情的完美形式，同时具备亲密、激情和承诺。这种理想的爱情，虽然有很多人为之奋斗，但很少有人会拥有。斯腾伯格认为，保持完美的爱情可能比实现的爱情更难。只有在此类爱情中我们才能看到爱情的庐山真面目。

（8）非爱慕关系：无爱。不具有亲密、激情和承诺，对感情近乎冷漠。

4. 爱情的发展规律

（1）晕轮期——激情期：“情人眼里出西施”，刚刚结婚一两年的时候，虽然身份发生了变化，从情侣变成了夫妻，但依然有着恋爱时期的甜蜜和激情。他们沉浸在浪漫美妙的婚姻氛围中，对彼此也有着强烈的吸引力。生活里每天都充满着激情和欢笑，没有养育孩子的压力，爱情就是两个人生活的重心，两个人就像是泡在蜜糖罐里一样。

（2）磨合期：争吵较多，恋爱进程中的考验。磨合和冲突是这一阶段的主题。日子久了，就会意识到对方并不像想象中的那么完美，他们开始为小事争吵，甚至会怀疑自己当时与其结婚是否正确。婚姻的浪漫和美好逐渐淡出日常生活，各种矛盾和冲突接踵而至。两个人在一起，并非一切都满足对方的想象。这个时候，重新思考、打破幻想、降低期望值才是最重要的。

在这个时期，夫妻双方仍然会经常争吵，频繁的争吵和冲突不可避免地会破坏他们之间的信任和爱。他们对彼此的挫败感与日俱增，甚至破坏了婚姻的初心。严重时，他们中的一方可能产生出轨的念头，很多人都受不了这个时期的争吵和不信任，最终决定分开。欺骗是对感情的背叛，是婚姻中最大的禁忌。只有夫妻双方相互理解、相互包容、相互适应，才能共渡过难关。

（3）合作期：在这个时期，爱情不再是婚姻的重心，重心转向了孩子。为了孩子，夫妻双方会比以往任何时候都更加努力，为事业奋斗，为家庭奋斗，目的是给孩子创造更好的生活环境和家庭环境。他们有共同的生活目标，都为孩子努力工作，但是常常忽略了对方，如果不去刻意维系，爱就会慢慢消失。而父母是家庭和孩子的镜子，只有父母情绪稳定、关系和谐，孩子才能健康快乐地成长。

（4）理性与平淡期：铅华洗尽，平淡从容。随着孩子慢慢长大成人，夫妻双方的爱情趋于稳定，争吵逐渐减少，取而代之的是对彼此的宽容和谦让。这既是重新适应彼此的时期，也是婚姻的平衡期，夫妻步入中年，双方事业、家庭状况和生活水平基本稳定。两个人更加成熟稳重，性情也日渐柔和，不像年轻时那样为琐事争吵，他们懂得了忍让，更加理解对方。

只要两个人和谐相处，携手共进，就没有解决不了的困难。面对平凡，也要有福同享，有难同当，危急时刻确实会有很多困难和挑战，但一旦度过夫妻感情也会更加深厚。

（5）完美期：这时候的夫妻已经是最了解彼此的人了，感情也到了一种难以分开的阶段。历经半生，一起吃过苦，一起尝过幸福。生活的考验让他们看到并认识到彼此是生活中最好的伴侣。现在没有任何事物或人能随便将他们分开。

◎ 策略应对

好的人生，不过是我们努力接纳自己，然后尽力成为自己喜欢的样子。而好的爱情，是我们彼此都愿意付出爱意，愿意帮助对方成为自己喜欢的样子。爱情的本质，不只为了让自己幸福，也是为了让对方幸福。如何让爱情天长地久、幸福美满呢？

1. 管理好自己的情绪

有这样一个有趣的故事：狮子和老虎之间爆发了一场激烈的战争，到了最后，两败俱伤。狮子快要断气的时候对老虎说："如果不是你非要抢我的地盘，我们也不会弄成现在这样。"老虎吃惊地说："我从未想过要抢你的地盘，我一直以为是你要侵略我！"你看，这就是不说只想的后果。因此，要拥有完美的爱情，我们可以这样做：一是要学会表达愤怒，而不要愤怒地表达，比如"你说好下班来接我，结果没有来，连电话都不给我打，我打过去你还挂断了，让我感到很愤怒"；二是要表达自己要的，而不是不要的；三是要表达自己的需求，而不是抱怨；四是要表达自己要去的方向，而不是抱怨自己所在的位置。要明白爱人之间，重要的是讲述彼此的感受，而不是评判对错。很多情侣发生争端，习惯争论对错，尤其是将家里事在公开场合审判。有时候赢了道理，却输了感情。

2. 学会正面沟通

用不伤害关系的方式，表达自己的需求、想法和感受。在沟通时要学会好好说话。同一个意思，以不同的方式说出来，结果就大不一样，很多人说话时习惯用"你"开头的表达法，比如"你再加班，就别回来了"，这种表达方式其实很不礼貌，听到对方耳朵里就都是指责和抱怨。而正确的表达方法应该是用"我"开头的表达法，比如"你经常加班，我一个人在家感觉好孤单。"这种根据观察到的事实，然后道出自己真实感受的方法，既能表达自己的感受，又能指出问题，而且对方也愿意接受。

3. 给对方保留空间，做到允许和信任对方

很多痛苦源于不允许，而好的关系是建立在允许的基础上，允许对方成长，意味着接纳对方现在的不完美。尊重差异存在，意味着懂得换位思考。只有放弃控制和改变的念头，才能接纳真实的对方，给予对方做自己的空间。

很多不幸福的爱情也毁于怀疑和猜忌。有一对夫妻鸟在一起生活，雄鸟采集了满满一巢果仁让雌鸟保存。由于天气干燥，果仁脱水变小，一巢果仁看上去只剩下原来的一半。雄鸟以为是雌鸟偷吃了，就把它啄死了。过了几天，下了几场雨后，空气湿润了，果仁又涨成满满的一巢。这时雄鸟十分后悔地说：

“是我错怪了雌鸟！”所以，对爱人要保持信任，不要让猜疑毁了彼此的幸福。对方不想说的事，要给爱人足够多的时间和空间，也给彼此成长的机会。

当然要让对方信任自己，底线是不能背叛。细化到日常生活就是：言出必行，表里如一。唯有如此，才会让人觉得值得依靠和有责任感。

4. 保持独立，共同成长

人都是在变化中成长的。亲密关系会给彼此带来潜移默化的影响。因此，想要对方变得更好，首先要自己变得更好。保持独立是非常重要的，我们需要有自己的兴趣和爱好，有自己的生活圈子，这样才能让彼此保持新鲜感，避免感情陷入平淡。一个更好的你，才会更好地、更正向地影响对方。在一段关系中，两个人需要共同成长和进步。这意味着我们需要不断地学习新知识，提升自己的能力，为对方创造更好的生活条件。

5. 保持理智，换位思考

己之所欲，也勿施于人。凡事不要把自己的想法强加给爱人，遇到问题的时候多换位思考，站在对方的角度上想想。这样，才能更好地理解爱人。学会用共存的心态经营爱情。因为再亲密的爱人也会有差异，如果想让爱情保持舒服和放松，我们就需要既坚持自我，也尊重对方。在家里，遇到事情时一定要冷静对待，尤其是遇到问题和矛盾时，要保持理智，不可冲动。冲动是魔鬼，不仅不能解决问题，反而会使问题变得更糟。在遇到问题或矛盾时，先冷静想想为什么？再想想如何做？最好罗列出几种能解决问题的方案，商量后再选择出一个双方都能接受的、最优的解决办法，因此，遇到问题不可怕，学会解决问题才是关键。

6. 积极主动，多看优点

要改变现实，得从自己的变化开始，从改变自己的想法开始，让自己成为变化的使者。在生活中设置一个“暂停键”，可以让我们在所发生的事情和我们的反应中暂停片刻，从而选择一种更聪明的回应方式。只有用快乐的心情才能构建起幸福的家庭。因此，进家门之前，请把在外面的烦恼通通抛掉，带一张笑脸回家。

两人的幸福，是经营出来的。要学会发掘对方身上你欣赏的优点，建立彼此的喜爱和赞美系统，懂得欣赏和赞美对方，多给对方认可、肯定和鼓励。双方还要不断地去尝试接近、联结、接触，在拥抱中产生催产素，保持亲密感，让爱情不断地重新充电。

7. 学会爱自己

一个自身饥饿的人，是不愿意将食物奉送给别人的。同样一个不够爱自己的人，给予别人的爱也很贫瘠。不是因为他小气，而是他不能付出自己没有，或者没有见识过的东西。人与人之间的很多矛盾和痛苦，都与对方不能满足我们的需求有关。心理学家表示：人需要被接纳、被认可、被看见、被听到、被保护、被爱、被了解、被珍视、被尊重。其实很多东西，我们自己也能给自己。因此，我们要懂得自我接纳、自我认可、自我看见、自我保护、自我珍视和自我尊重。每个人在亲密关系中都或多或少受到原生家庭的影响，都带着原生家庭造成的伤害和情绪，进入新的亲密关系，我们可以尝试跳出原生家庭、跳出以往人际关系，试着自我接纳，当然也包括接纳曾经受过的伤，拥抱彼此的差异。如果我们能够做到足够地爱自己，接纳自己，用爱与接纳浇灌自己的心灵，幸福之花就会在我们心间悄然、恒久地绽放。无论外界如何变化，幸福都能在心底流淌。

爱情以爱为基础，很多时候，爱情也是理性的选择，是一种责任。高质量的爱情不是看有没有问题，而是看双方有没有解决问题的能力。如果我们能走出自卑，建立自信，在爱情中既能尊重自己的感觉，又能保持好心态，理解彼此的差异，好好说话，就能获得更幸福、甜蜜的爱情。

真正的爱情始于激情和喜欢，长久于承诺和担当。成熟的爱，不是把所有的希望都寄托于对方，而是在一起的时候，就很幸福。爱情不是一块供人歇息的地方，不是一件喜欢就买不喜欢就扔的衣服。爱情意味着一起行动、一起发展。意味着无论是和谐还是冲突，痛苦还是悲哀，从你们以爱情之名在一起时，就要彼此承诺：无论发生什么，共同面对，彼此扶持，互相承担。要了解自己的爱情态度，可以用附录的《爱情态度量表》进行测量。

第八节　爱需予支持

我要学会远远地去欣赏你
欣赏你独立地发芽
欣赏你一天天长高
欣赏你伸开枝叶
欣赏你开出花
我要学会被爱教育，然后去爱你

秋日的天气，往往忽起疾风骤雨。孩子穿着短袖正着急出门。家长看到天气突然变冷，抓紧给孩子拿出长衣长裤。明明担心孩子冷，说出的话却是："你看你，穿得这么少？有衣不穿显苗条！"孩子当然不予理睬，于是家长就着急上火，开始威逼利诱，到最后吵一顿，甚至打一架。我们都深深地爱着我们的家人，为什么表达的"爱"对方接收不到？对方想要的"爱"，我们却给不了。

◎现象探索

难以拿捏的爱成为家庭教育的痛点。以下这些场景在你的生活中是否出现过：

1. 餐桌上的爱

饭桌上，你上小学的孩子一直说自己不要吃某道菜，因为不喜欢它的味道，可你却一直以"有营养"为说辞，拼命给孩子夹这道菜。

2. 隐私勿侵犯

到了初中，你的孩子有了更强的自我和隐私意识，和你说了一遍又一遍，"进我房间要敲门，不要翻我抽屉里的东西"。可是，你就和完全没有听见一样，下一次依旧，随意进出孩子的房间，随便乱翻他的东西。

3. 恋爱该不该

当孩子已经上了高中，当你看到同学写给他的情歌时，便不问缘由地把孩子狠狠教育一顿，并告诫他："中学不许谈恋爱！"

如果你是那个孩子，你会有什么感受呢？也许你会觉得自己不被尊重，不被重视，或者感觉自己不被爱。你也会有一种很深的痛苦，那种难以名状却很难受的感觉：明明自己很关心孩子，担心他年纪小，身体发育不好，辨别力不强，费尽心力想了解孩子的情况，想帮助他，不让他走偏了，他却完全不接受，自讨苦吃。虽然，看起来这些事情都不是什么大事，但就是这样的小事，如果经常出现在你的生活中，会让你感觉自己的关爱不被孩子接纳。你一定感到非常痛苦，因为不被他人看见，就很孤独，仿佛自己不存在一样，会失去一种自我的存在感。

这样拧巴的场景其实在许多家庭中并不陌生。为什么作为家长的你付出这么多，孩子却感受不到你的爱？而且，随着孩子年龄的增长，他与你的距离越来越远。要解决这个问题，让我们先来学习爱的能力、爱的语言、爱的表达这三个概念。

◎理论解读

1. 爱的能力

心理学家弗洛姆认为：爱，是一种能力。爱的能力包括：第一，接纳。接纳孩子以真实的自己进入我们的生命中，不强加我们的观点和信念，不强加我们的标准和要求。第二，理解。尽最大的努力去同理孩子的感受和思维。第三，欣赏。一双欣赏的眼睛，能够激发孩子成为更好的自己。第四，尊重。尊重意味着我们允许孩子作为一个独立的个体存在，他既不是我们理想的一个幻象，也不是我们的一个附属物。第五，支持。在孩子特定的时间或者生命阶段，我们需要付出实实在在的时间、精力、智慧去支持，让孩子有更多的可能性，实现孩子更大的生命潜能。

好的父母要把对孩子的爱正确地行使出来，让孩子知道。

2. 爱的语言

心理学博士盖瑞·查普曼将人们表达和感受爱的方式分为五种：一是肯定的言语。肯定的言辞，可以满足人类心底最深处的需要——被人欣赏。有些人可能会因为一句批评的话而伤心好几天，甚至自我怀疑；也会因为一句肯定的话语对自己想要做的事情更加充满信心。对他来说，收到一次肯定的赞美，会比收到钱还要开心。 二是高质量的陪伴。高质量的陪伴是指家长与孩子在一起时，彼此的注意力只和对方有关。长期缺乏关注的孩子会更加需要家长给予他更多的高质量陪伴，使他感觉“自己是被爱着的”。值得注意的是，长时间的陪伴，并不等于高质量的陪伴。如果家长心不在焉，那么不管多长时间的陪伴，都无法使他感受到爱意，只是“浪费时间”。高质量的陪伴，不在于两个人一起做了什么，而在于两个人借由事情表达了什么情感。三是接受礼物。在每一种文化中，送礼物都是爱的一种表达方式。礼物是感情的视觉象征，家长可以观察到，孩子会精心地保存家长所赠送的礼物，而且他也更容易从礼物上得到安全感和幸福感。送礼物是最容易学习的爱的语言，但这并不代表家长需要花很多钱，购买礼物送给孩子。在孩子心中，礼物的价格不重要，重要的是礼物里面蕴含的心意。送礼物是为了使彼此都感到开心。四是服务的行动。这种行动是孩子想要家长做的事，家长借由替他做那些事，来表达家长对他的爱。五是身体的接触。儿童发展心理学的许多研究都表明：有人拥抱、有人触摸的儿童，相比于长期没人理会、没有接受身体触摸的儿童而言，前者的情绪发展更加健康。

3. 爱的表达

爱的表达既是爱的教育的起点和生命教育的推动力，也是亲子关系和谐的纽带。爱的表达分为言语表达和非言语表达。

（1）言语表达。言语表达是指人们通过言语器官或手的活动把话语说出来或写出来的过程。苏联心理学家亚历山大·鲁利亚认为，言语的生成起始于某种动机和意向。经过内部言语阶段，形成深层句法结构，而后扩展成以表层句法结构为基础的外部言语。家长在对孩子用言语表达爱的过程中，既要勇于适度地说出自己的爱，又要表现出对孩子无条件的爱，还要教会孩子向他人说出自己的爱。

（2）非言语表达。非言语表达也被称为无声语言或非语言行为，它包括眼神、手势、首语、体态、表情等。正确使用非言语表达，同样起着传递信息、表达思想和交流感情的作用，创造性运用非言语艺术，可以起到“此时无声胜有声”的效果。

◎策略应对

因为不被看见、理解，亲子之间的交流就像鸡同鸭讲话，孩子感受不到父母对自己的关爱，只是被父母的种种要求所裹挟，甚至被控制，于是干脆向父母关上了心门，甚至反抗父母。爱需要被看见，如何被看见？就是他的需要、情绪、感受、想法、心声、做事的内在逻辑，包括外在的行为被人正确地感知、理解和接纳。迁移到你和孩子，就是你和孩子间的爱能互相感知、传递。

如何才拥有看见自己和孩子的能力，从而更好地看见自己和孩子，提升表达“爱”的能力，让孩子感受到我们的爱，并与我们正向互动呢？

1.觉察孩子的内心感受，共情孩子

（1）去标签化，看见真实的个体而非标签。标签化他人，本质上是一种幻想和惰性思维。我们希望找到描述一个人的标准答案，从此就可以一劳永逸，未来不管发生什么，用这个标签一套，然后说：“看吧，这个人就是这样的！”但真相是，真实的个体比标签更丰富、更复杂，没有任何一个标签可以涵盖一个人。

小鸿是一名14岁的中学生，学习成绩中等。他很讨厌背诵古文，完成不了背诵的相关作业，经常被语文老师当众批评。父母也总认为小鸿有点小聪明，就是太懒了。时间久了，小鸿对上语文课越来越排斥，一背古文就头痛不止，甚至影响到其他科目的学习，成绩也一直下降。可父母还说他“装病，就是太懒了”，直到小鸿被诊断为抑郁症，父母才开始重视孩子的心理问题。通过心理咨询，父母才知道在“太懒了”这个标签下，他们无法看见小鸿在学其他科目时的努力和勤奋，无法看见他因不擅长背古文或者背诵方法不当遇到的困难，也没法共情他作为一个青春期的学生经常被老师当众批评的痛苦。

标签化他人，会阻碍我们看见对方真实的样子，也不利于我们真正地解决问题。所以，唯有放下标签，才能看到他人内心真实的心理状态，进而看见问题的本质，有效解决。面对自己时，也是如此，不要给自己贴上“太脆弱了”“玻璃心”“很不安全”等标签，然后困在其中，这会阻碍我们看见真实的自己。

（2）倾听他人的心声。否定他人的感受，用自己的感受、认知衡量别人，评判他人，都会阻碍我们看见他人。有效看见他人的方式是怎样的？第一步就是倾听。何为倾听？“听”字的繁体是“聽”，看看这个字，我们老祖宗是多么聪明，左边一个耳，下面一个王字，就是说要以听为王。右边十个目一个心，就是讲倾听时眼睛要看着对方，十目一心，一心一意地听，不要一边玩手机一边心不在焉地听。当对方倾诉的时候，你能不先入为主地倾听，而是耐心、专心、用心地听，对方就会感觉到自己被你看见了。如果你还能听到他人语言背后的感受、想法，那就是一种更高级的听见和看见。懂得倾听，可以帮助一个人更好地看见他人，有效化解关系中的冲突。比如，上中学的儿子和父母说，女同学打电话邀请他去参加她的生日宴会。于是，高兴地准备礼物。后来女生又说参加的全都是女同学，让儿子不要去了。如果儿子对父母抱怨此事，父母可以回应：“你同学这样说，那你会不会生气和难过啊？你觉得她不理解你，对吧？”孩子很可能瞬间就感受到自己真正被听见和看见了。当我们懂得倾听的时候，很多冲突和矛盾就能够化解。懂得倾听，可以帮助一个人更好地看见孩子，有效化解亲子关系中的冲突，让孩子感受到你传递给他的爱。

2. 不否定孩子的感受，真正地看见孩子

有句话说“有种冷，叫妈妈觉得你冷”，还有一句话说“我不要你觉得，我要我觉得”，这都是在提醒我们否定他人的感受是错误的。想做到真正地看见孩子，记得不要去否定孩子的感受。因为我们每个人面对同一件事的感受是不同的，家长觉得很好玩的事情，比如玩高空旋转，可能对于孩子来说是让他害怕的。也不要用自己的感受和认知衡量孩子、评判孩子。评判孩子往往会传

递出这样的意思：我是对的，你是错的。评判者仿佛站在高位，被评判者好像站在低位。可是没有人喜欢被他人高高在上地说自己错了。这一点在亲子关系中特别重要，如果父母总是否定孩子的感受，用自己的感受和认知去衡量孩子，评判孩子，日积月累，孩子长大后，就会与自己内在真实的感受失联，变得习惯讨好别人，也无法信任自己的感受，总觉得自己是错的、不够好。如果我们想看见孩子，就需要放下自己的感受和评判。这个放下的意思不是说我们不能有自己的感受和评判，或者说它们都是错的，而是我们不能只有自己的感受和评判，既要看到自己的感受，也要看到孩子的感受；知道每个人的感受都是不同的，都是真实的，都是独属于这个人的内心体验；知道孩子的感受与我们的不同，并不意味着孩子的就是错的，感受没有对错之分，只有不同，并且我们无法用自己的感受代替子女的感受；只有相信和承认了他人拥有不同于我们的感受，才能让对方感受到真正的尊重和理解。

3. 看到情绪的缘由，用言行表达出来

子女之所以感受不到你的爱、你的在意，不是因为你没有付出，而是因为你们都说着不同的爱的语言。这就好比两个人，一个说着英语，一个说着汉语，彼此根本不在一个频道上沟通。

共情子女的内心感受，看到孩子情绪和行为背后的原因，并用语言表达出来。这个过程就是电影《阿凡达》中反复说到的台词：I see you。这句话翻译成中文是“我看见你”“我真正了解你”“我用眼和心与你交换感受”“我用心真正体会你的感受”。举个例子：女儿读五年级的时候，期末考试了，给她烧了土豆，眼看时间快到了，我当时有点急，担心她会迟到，希望她快点吃完饭，自己感觉土豆不是很咸，就说“不咸啊，你快吃了去考试”。她当时很认真地和我说了一句话：“妈妈，那是你的感觉，不是我的感觉，我和你的感觉不一样。”这句话我至今记得。孩子太智慧了，我立刻意识到自己犯了一个错误——否定她的感觉，并以自己的感觉作为衡量标准，于是，我和她说：“妈妈明白了，我去重新炒一个鸡蛋吧！”很快，不那么咸的鸡蛋炒好了，我们一起开心地吃了起来。

无论大人还是小孩，第一次接触某样事物时，往往好奇与恐惧并存。特别是孩子，他会感到恐惧，有的父母看到孩子回避、躲闪的神情和动作，不顾孩子的恐惧心理，强拉住孩子，并说：“太胆小了，有什么可怕的？”当然，这可能也是一种有效的暴露疗法，最终孩子发现真的没事，就放松下来。当孩子流露出害怕和回避海浪的神情时，父母更为恰当的做法是一边指着事物，一边问孩子：“宝宝是不是感觉害怕啊？看到海浪扑过来，我们就往后退。来，我们再试试。”然后再倾听和关注孩子的反应，可以继续说：“刚开始有点害怕很正常，爸爸妈妈陪着你，保护你，我们慢慢来。”而后陪着孩子去触摸，让孩子感受安全，给孩子一些适应的时间，最终放开孩子的手，让他自己感受。当我们蹲下来，站在孩子的角度和视角去看事物，我们就可以更好地共情和理解孩子了。当我们可以共情孩子的感受，看到孩子的情绪以及行为背后的缘由，并用语言表达出来时，对方就会感受到被我们深深地看见。

“爱”是一种“需求”，也是一种“能力”。为人父母，最重要的是爱的能力，爱与被爱就像走路一样，需反复练习，才能举步如飞。爱是一种真实的感受，当一个人被他人需要时，才能感受到自己的价值，一个人在关爱他人的过程中才能感受到爱的快乐。爱这种能力虽然贵重但并不稀有，只要想拥有，什么时候都可以开始，愿我们都能拥有爱的能力。

第二章　自我调适

南宋词人辛弃疾在《贺新郎·用前韵再赋》中写道："叹人生，不如意事，十常八九。"我们每个人都可能会遇到不顺心的事，有过不开心的感受。当你心有戚戚、焦虑难过时，会用什么方法来帮助自己呢？当你发展受阻、陷入困境时，你会怎么改变想法、创造生命的意义来爱自己和成就自己呢？

自我调适就是当在生活与工作中遇到心理困惑或有不好的感受时，自己主动去了解心理健康的相关理论知识，使用一些心理应对策略，探索自己的资源与力量，在不那么开心的生活中去发现生活的美好，在可能黑暗的世界中积极寻找希望之光，从而顺利度过心理难关。

本章共分为 8 节，分别是情绪能接纳、压力可转化、语言有力量、认知可灵活、创伤变资源、生命有意义、我做即我爱、我会即我成。

第一节　情绪能接纳

突然就生气了
如同突然就悲伤了
那就都接纳吧
接纳狂风
接纳雷电
让狂风帮我站上云端
让雷电助我安眠

你有没有发现一个奇怪的现象：在人群中，有一个人突然微笑，大部分人不会发现；有一个人突然哭泣，大多数人会发现并做出反应；有一个人突然生气，所有人都会观察到并有相应的反应。情绪是怎么产生的？为什么不同的情绪表现，他人会有不同的反应呢？

◎ 现象探索

情绪丰富且复杂。有的情绪你可能相对比较喜欢，比如愉快、幸福等，你期望这样的情绪感受多一些；有的情绪你可能会有些讨厌，比如，痛苦、悲伤等，你期望这样的情绪感受最好永远不要来。请你探索一下，哪些情绪反应会让你产生不舒服的感觉呢？

1. 烦躁与焦虑

有时候，明明没发生什么大的事情，可你就是坐立不安、心神不宁、心烦意乱，眼睁睁看着事情失控自己却什么办法都没有，只留下了烦躁和焦虑。有时候，你可能对有些事情没有把握，不知道怎么去应对和很好地完成。或许你担心自己能力不够，或许你担心自己做得不够好，又或许你担忧别人会批评或者责骂你……这类烦躁和焦虑的情绪长时间折磨你，让你浑身难受，无法消除。

2. 愤怒与生气

如果一个人工作一直很努力、很认真，业绩也很突出。而他的一个同事做事不踏实，就喜欢到处串办公室，做些讨好领导的事，结果经常被评为优秀，奖金每年都比他高。为此，他感到非常愤怒却又无能为力，他也可能因为愤怒而与同事发生冲突，产生攻击性，从而影响人际关系。回到家里，孩子不好好写作业，在玩耍时把家里的东西搞得乱七八糟，他感觉心里突然冒起一股莫名的怒火，生气地冲孩子大吼，责令孩子收拾干净并立即去写作业。一个人可能由于未能较好地控制愤怒而伤害家人，也可能由于经常产生愤怒情绪而损害身体健康，还可能因为愤怒而破坏亲子关系。

3. 悲伤与抑郁

悲伤的感觉像黑暗的雨夜一样时常在寂静的夜晚敲打人的心房，赶不走驱不散，让人感受到疼痛还无处言表。例如，心爱的宠物突然生病死了，感觉很难过；最爱的人离开了，无法挽留，感觉很伤心；突然莫名地心情非常低落，伤心哭泣，对曾经喜欢的兴趣爱好也不喜欢了，吃不好也睡不好。最终，可能由于陷入抑郁状态而降低对快乐的感知能力，还可能因为抑郁加重而丧失活力，进而影响工作与生活质量。

4. 嫉妒与后悔

看到别人长得比自己漂亮 / 帅气，感到嫉妒；看到别人拥有自己没有但想拥有的东西，感到嫉妒；看到别人休假去旅行，自己想去却因为没有钱或者时间，感到嫉妒。妒忌可能产生负能量，让你难受不安、心火焚烧，也可能会产生正能量，让你更渴望维护自己的恋爱关系而对自己的另一半更加关心。明明很想把一件事做好，却因为自己的失误搞砸了，感觉后悔；向自己在意的人表达不合适的言语而伤害对方，感觉后悔；领导给自己一个很好的机会，但没有好好把握，感觉很后悔……

◎理论解读

1. 情绪是什么

“情绪”是人对客观事物的态度体验以及相应的行为反应。情绪与愿望和需要有关：愿望实现和需要得到满足时，人就会产生舒服的积极情绪；愿望无法实现，需要无法得到满足时，人就会产生不舒服的消极情绪。有开心、生气、难过、害怕这样简单的情绪，也有嫉妒、羞愧、难为情等复杂情绪。情绪和我们的性格、习惯，还有生理上的变化都有一定的关系。通常，各种情绪会通过面部表情、动作、语音语调和语言表现出来；当然，有人可能也会隐藏自己的情绪，不轻易显露。

2. 情绪的分类

我国古代有喜、怒、忧、思、悲、恐、惊的七情说。德国心理学家罗伯特·普鲁契克提出了八种基本情绪：快乐、信任、恐惧、惊讶、悲伤、厌恶、愤怒和期待。大多数人认同人有四种基本情绪，即快乐、愤怒、恐惧和悲哀。

情绪状态是人们在某些生活事件的影响下，一段时间内表现出的情绪体验。根据情绪状态的强度和持续时间可分为心境、激情和应激三种。

（1）心境是一种微弱、平静和持久的情绪状态，如喜悦、忧伤等。俗话“人逢喜事精神爽”说的就是心境对人的影响：有时，一件喜事可以让我们很长时间保持愉快的心情；有时，不如意的事也会让我们很长时间情绪低落、烦闷不已。生活、工作中的顺境和逆境，人际关系的亲与疏，自然环境与人际关系的变化都可能引起心境变化。但心境与一个人的世界观和人生观也有联系，一个有理想、有追求的人会无视人生的失意和挫折，始终保持乐观的心境面对生活。

（2）激情是一种爆发强烈而持续时间短暂的情绪状态。如狂喜、狂怒、深重的悲痛和异常的恐惧等。激情和心境相比，激情比心境强度更大，心境比激情持续时间更长。《儒林外史》中的范进听到自己金榜题名，狂喜之下，竟然意识混乱，手舞足蹈，疯疯癫癫；也有人在暴怒下情绪失控，咬牙切齿，甚至拳脚相加。激情可以激发一个人内在的心理能量，成为行为的巨大动力，提高工作效率并有所创造。激情也可能在冲动下任性而为，不计后果，带来很大的破坏性和危害性。

（3）应激是出乎意料的紧张和危急情况引起的情绪状态。例如在日常生活中突然遇到火灾、地震等。应激会带来明显的生理反应：由于紧张刺激作用于大脑，因此下丘脑兴奋，肾上腺髓质释放大量肾上腺素和去甲状腺素，从而大大增加通向体内某些器官和肌肉处的血流量，提高机体应付紧张刺激的能力。应激的积极作用是个体在意外刺激作用下快速调动体内能量以应对突发事件和重大变故。消极作用是如果个体经验缺乏、能力不足或者资源不够，个体可能无法应对或者错误应对，会加剧事态的严重性，使机体功能受损，防御能力下降，从而导致身心疾病。

3. 情绪的作用

每一种情绪都是有用的，是来传递重要消息的送信员。恐惧提醒一个人自己要远离危险，悲伤提醒一个人自己失去了重要的东西，而快乐和幸福的情绪则是告诉一个人自己的需求得到了满足。比如，婴儿身体不舒服或者饿了，会用哭声来表达自己的需要，妈妈听到哭声就会查看婴儿哭泣的原因，选择适合婴儿的方式保护和照顾婴儿。如果我们不小心遇到了危险，会有恐惧、害怕的情绪反应，这种恐惧、害怕的情绪反应会提醒我们远离危险。比如，闯红灯导致车祸，受到惊吓以后，会提醒自己更加注意遵守交通规则和提高安全意识，避免再次发生意外。

情绪能帮助我们组织其他的心理活动。如果心情好，做事就更有动力、更带劲；心情不好，可能就缺乏动力、什么都不想做。积极的情绪，比如开心、感激等，能让我们更健康、更乐观，也更有创造力。情绪能呈现你与人交谈时的情绪状态，帮助你与人沟通和交流，你能通过面部表情、手势以及语音语调感知别人的情绪，也能够通过表情、动作和语音语调表达自己的情绪，达到沟通交流的目的。

◎策略应对

1. 觉察自己的情绪

花时间来看到自己的各种情绪变化：痛苦、悲伤、愤怒、喜悦和幸福；看自己的局限，也看生命的意义；看自己的优势和可用资源，也看有时积极有时消极的自己。我们可以看到自己的各种情绪，允许自己拥有不同的情绪和体验。我们也愿意花时间静静陪伴自己的各种情绪，全心全意去感受自己所经历的痛苦体验，也尽情享受快乐或幸福的每一刻。

我们可以试着问自己一些问题："我现在感受到的情绪是什么？""我是在生气吗？"在回答这些问题的时候，就是在用语言来描述自己的情绪。这时候大脑已经开启了思维模式，大脑的思考和语言的运用，都在帮助我们逐渐了解自己的情绪，这对我们有一定的安抚作用，让我们在不知不觉中稍微平静一些。我们还可以接着问自己："我拥有生气这个情绪多长时间了？""我还想和生气待多久呢？"

2. 接纳自己的情绪

接纳情绪是在觉察情绪的基础上，明白自己无论是喜欢还是不喜欢某种情绪，这种情绪都会来。知道每个人都具备感知情绪的能力，拥有痛苦的想法和感觉是正常的，体验到各种不同的情绪感受是我们的正常反应。

当你千方百计地想赶走某些消极情绪或者假装没有看见它们时，它们就像顽皮的小鬼，你越抵抗，它们越不依不饶地纠缠。如果你换个角度，接纳它们，跟它们说："嘿，我现在有点生气，但我允许自己生气！"神奇的事情发生了，你会发现，生气这个小家伙突然变得乖巧了，不再那么嚣张。

积极情绪就像阳光明媚的日子，自然而然地让人心情愉快。但你知道吗？其实消极情绪也有它们的用处。恐惧是个警报器，提醒我们远离危险；愤怒是个小辣椒，有时能让人敬而远之；忧伤则是把敏锐的刀，帮助我们深入思考；焦虑是因为你期待更好，你很重视这个人或这件事；悲伤是因为失去重要的和有价值的事物，提醒我们要懂得珍惜。

下次当你心里涌起那种不愉快的感觉时，试试换个角度对待它。像对待积极情绪一样，接纳它、感受它。别急着抵制或逃避，让它在你的身体里溜达一圈。你会发现，当你真正接纳了它，它就不再是那个让你头疼的小恶魔了。相反，它变成了你内心世界的一部分，帮助你更好地理解自己。

3. 跳出思维的陷阱

情绪 ABC 理论说，影响我们情绪的并不是发生的事情本身，而是我们怎么看待这些事情。所以，如果我们想要改变那种让人心烦的情绪，不是去改变事情本身，而是改变对事情的看法。

简单地说，A 就是发生的事情，B 就是针对发生的事情，我们产生的信念，即对这件事的看法和解释，C 就是这种想法带给我们的情绪反应。很多时候，让我们不开心的不是事情 A，而是我们的信念 B。因此，我们可以通过改变 B 来调整我们的情绪和行为。不合理信念主要包括绝对化要求、过分概括化、糟糕至极等。

（1）绝对化要求就是那种你以为事情一定会或者一定不会发生，这种强烈的信念。要是事情的发展跟你的想法不一样，那你心里就会觉得特别难受，心情也会变得很糟糕。这种想法常常跟“必须”“应该”这些词一起出现，比如“我必须考上那所中学”“别人必须对我好”“同学们必须听我的”，等等。

（2）过分概括化也是不合理的思维方式。就像你看一本书，只看封面就判断这本书好不好一样。这是对自己或者别人的不公平评价，根据一件或者几件事情，就觉得自己或者别人整个人都不好了。

（3）糟糕至极就是那种把事情往最坏处想的信念。比如说，一次考试没考好，就觉得“我的人生全毁了”。这种信念很不理性，因为事情可能没有那么糟糕。但是，如果一直抱着这种信念，一遇到不顺心的事就觉得天都要塌了，那心情肯定好不起来。

例如：小红数学考试考了 53 分。

想法：“数学很难，我学不好，我很笨。”（过分概括化）

反驳：可能的答案是“数学没学好，但我语文不错，我可能擅长文科”“我数学学习没有好的方法，我需要多请教。”

心情低落的时候，换个角度想想，心情就能平复下来。然后，心里默默地做个决定，得赶紧行动起来。

当情绪逐渐平复后，我们有机会重新审视自己的处境，更理性地看待问题，内心的声音开始清晰起来，引导我们做出选择、决定，并迈出新的步伐。

4. 正念与冥想

正念就是有意识地觉察当下的身体、情绪、情感、想法和行为，不带任何评价，只是去觉知此时此刻身与心的体验与感受。而冥想则是一种特别的方法，让你通过深度放松和专注，达到内心的平静。研究证明，正念和冥想真的可以减少大脑中与焦虑、恐惧和愤怒等负面情绪有关的区域活动。

正念练习最简单的方法就是关注呼吸。比如，无论你多么不开心，你都可以试着有意识地提醒自己，把注意力集中在呼吸上，去感受气息在鼻腔里进出，感受鼻腔吸入空气的温度，感受空气的多少，感受空气在身体里的流动，感受吸气和呼气时身体的变化。在关注呼吸时不带任何的评价，也不需要刻意调整你的呼吸，你只需要把注意力集中在呼吸上，去关注你呼吸时身体的感受和情绪的变化。另外，你也可以把注意力短暂停留在大脑里，关注脑海里突然出现的各种念头，有意识地观察大脑中飘过的念头，也可以重复一下刚才大脑中飘过的念头是什么，告诉自己："我大脑中让我焦虑的事情是什么""我感觉有些伤心""我背部有点酸痛"，等等。

你也可以尝试想象一个让你觉得特别安全的地方。这个地方是安全的、舒适的，这个地方只属于你一个人，没有你的允许其他任何人都无法进入。这个地方可以是你去过的地方，也可以是想象的场景，可以是你喜欢的海滩、花园或者是你自己创造的温馨的家。当你感到情绪低落时，你可以自如地"跑"到这个安全的地方休息，给自己补充能量，然后活力满满地回到生活中。

5. 建立积极的生活方式

积极的生活方式可以帮助我们更好地调节情绪。例如，保持良好的作息习惯、坚持锻炼、培养兴趣爱好、与他人建立良好的人际关系等。这些生活方式可以帮助我们保持身心健康，提高生活质量。

（1）养成良好的作息习惯。按时睡觉、起床，保证每天都有足够的休息时间。这样身体才能健健康康的，精神状态也才会更好。

（2）坚持锻炼。运动可以帮我们把身体里的能量都释放出来，也能让我们的心情变得轻松。运动的方式有很多种，你可以根据自己的身体状况选择适合自己的运动方式，像散步、慢跑、练瑜伽这些都不错。别偷懒了，动起来吧！

（3）培养兴趣爱好。如果平时觉得压力有点大，可以试试找些自己喜欢的事情做，比如看书、画画、听音乐等。真的挺有用的，不信你试试看！

（4）与他人建立良好的人际关系。良好的人际关系可以帮助我们获得情感上的支持和帮助，缓解消极情绪。科学证明那些经常跟人交往的人，遇到事情时更加沉着冷静，看待问题更加全面。

第二节　压力可转化

前行的途中
挤满了车和人
处处是坎坷
布满了陷阱
泪水未成海
一滴一滴，成为闪耀的珍珠

“两眼一睁，开始竞争”“卷又卷不赢，躺又躺不平”……

随着社会的不断进步，人们的学习压力、工作压力、生活压力日益增大。很多人时常感到压力巨大，这种压力不仅影响我们的心理健康，还给我们的身体造成了很大的负担。

◎现象探索

压力在生活中无处不在，它既能让你感觉到生活的动力，也能让你的身体变得疲惫不堪。你认为压力对身体有哪些危害？

1. 头痛

你是否感受过头部的压迫感，仿佛被无形的枷锁束缚，伴随着颈部疼痛？据加拿大病理生理学家塞里 1936 年提出应激的概念，紧张性头痛正是我们在承受压力时的生理反应。当你面临工作或学业的压力时，身体会产生一系列应激反应，头痛就是其中的一种表现。

这种头痛的症状通常表现为头部压迫感或沉重感，有时甚至会波及颈部。你可能会发现，长时间维持同一姿势或过度疲劳时，头痛的发作会更频繁。

那么，为何压力会导致头痛呢？原来，在面临压力时，人体的交感神经系统会被激活，导致身体释放出更多的应激激素。这些激素会导致血管收缩，从而引发头痛。此外，紧张时背的上部和颈部的肌肉会过度紧绷，这也会引发头皮肌肉的紧张，进一步加剧头痛。

2. 掉发

当压力过大时，激素的分泌会发生变化。这些激素，特别是皮质醇，会促使毛囊进入一个停止生长的阶段，阻止新的头发生长。这种状况如果持续时间过长，就可能导致头发停止生长，甚至引发秃头症。

不仅如此，压力还会影响身体的免疫系统。当免疫系统受到压力的影响时，它可能会攻击毛囊，导致头发脱落。对于那些天生发量较少的人来说，这种压力引起的免疫反应可能会加速头发脱落，使掉发更加严重。

3. 精神问题

压力，这个无形的杀手，常常悄无声息地侵入我们的生活，让我们在不知不觉中陷入情绪的泥沼。当压力过大时，我们往往会感到非常气愤，仿佛内心的火焰被点燃，无处发泄。这种情绪有时甚至会演变成深深的失望感，让我们对生活失去信心，对未来失去希望。

“在面临压力时，人们往往感到自己无力应对，进而导致无法做出决策，并产生焦虑情绪。”这句话深刻地揭示了压力对个体心理的负面影响。在过度压力的作用下，我们往往会感到自己的无助和脆弱，仿佛被巨大的阴影所笼罩，无法摆脱。这种无力感会削弱我们的判断力，使我们无法做出明智的决策，从而陷入更深的焦虑之中。

◎理论解读

1. 压力是什么

压力是指当我们觉知到威胁时产生的体验和反应，它由压力源和压力反应两部分构成。

压力源是指能够产生压力的外部因素，这些因素可能来自我们的生活、工作、学习等各个方面。压力源可以分为积极和消极两种。积极的压力源如挑战、竞争和目标设定，它们能够激发我们的潜能，促使我们不断进步。消极的压力源则包括焦虑、担忧和恐惧，长时间处于这种压力下我们的身心健康会受到不良影响。

压力反应是我们对压力源产生的心理和生理反应。心理反应主要包括情绪波动、注意力不集中、记忆力减退等，这些反应可能会影响我们的判断力和决策能力。生理反应则表现为心跳加速、呼吸急促、血压升高等，这些反应是身体为了应对压力而做出的自然调整。然而，长时间的生理反应可能会导致身体机能受损，进而影响我们的健康。

2.压力与效率

在快节奏的现代生活中，压力与效率似乎成了一对矛盾的存在。一方面，压力是推动我们前进的动力，让我们在挑战中成长；另一方面，过度的压力却可能成为负担，影响我们的工作效率和生活质量。

适度的压力能够激发潜能。当面临一定的压力时，我们会感到一定的紧迫感和压迫感，这使得我们更加专注于手头的工作，减少了分心的可能性。同时，适度的压力也能激发我们的创造性思维，在解决问题的过程中可能会有意想不到的灵感涌现。比如，耶克斯－多德森定律表明，在一定压力下，人们的创造力会有所提升。

然而，过度的压力则可能成为效率的绊脚石。当压力过大时，我们可能会出现焦虑、紧张，甚至抑郁的情绪。这些负面情绪会严重干扰我们的思维活动，使我们难以集中注意力，从而影响工作效率。同时，长期的过度压力还会对身体健康造成危害，如引发心脏病、高血压等。

衡量压力是否过度，关键在于我们是否产生了焦虑、强迫、心力衰竭或抑郁等身心反应。这些反应通常伴随着注意力不集中、紧张、烦躁、恐慌、失眠等症状。如果一个人出现两个以上的身心反应，那么就说明他可能面临压力过度的问题。反之，如果没有这些身心反应，那么压力并未过度。

3. 压力的影响因素

压力的影响因素包括两个部分，一是对压力事件的评价，二是对解决问题能力的评价。

认知评估：对事件的看法越负向，越觉得有挑战性，则压力越大。

应对能力：应对技巧越佳，压力越小。压力其实就是来源于你没有能力有效应对的问题。

这就意味着我们在面对压力事件时是有一定的反应自由度的。如果我们不把当前发生的事情视作威胁，自然就不会有压力。如果把这件事看作一种威胁，但我们能够调用自身内在的和外在的资源，认为自己有足够的能力应对这个事情，也不会有太大的压力。

所以说，虽然看起来是压力源导致了压力，但实际上最终是否会产生压力，以及会有多大的压力，很大程度上还是取决于我们自己。

面对压力，我们中的大多数人试图通过回避、控制行为、忙碌、暴饮暴食或用酒精和药物、自我疗愈来应对。我们可能已经发展出了不完备的或不适当的策略来应对压力源。这些策略可能带来短期的释怀，但最终会加剧长期的身体和心理的健康问题。其实除了回避、逃避、控制压力，我们还可以转化压力。心理学家贾米森研究发现，在高压力环境下，如果我们能用积极的心态去解读和应对压力，那么压力不仅不会对我们的心脏和心血管造成损害，反而会提升我们的健康水平。

◎ 策略应对

1. 正确看待压力

我们要认识到压力并非全然有害。适度的压力可以激发我们的潜能，帮助我们更好地应对挑战。当面临压力时，我们可以试着调整心态，将压力视为一种动力，从而激发自己的积极性。此外，我们还可以寻求外部支持，与亲朋好友分享自己的压力，获得他们的关爱和帮助。这样，压力就会变得不再可怕，反而会成为我们成长和进步的助力。

2.释放压力

（1）运动。过大的压力让人心里很不舒服，感觉身体也被拖垮了。但其实，有个很简单的办法可以帮我们摆脱这种困境，那就是运动！

运动为什么这么神奇呢？因为运动的时候，身体会释放出一种叫多巴胺的神经递质。多巴胺就像是大脑的“快乐开关”，一打开，整个人都变得开心起来！

除了让人心情好，运动还能帮我们“消灭”体内的压力激素。这些压力激素，比如皮质醇，会在我们紧张的时候大量出现，让人感觉超级不舒服。但运动可以消耗掉这些激素，让身体不再那么紧张。

那么，如何进行运动呢？这主要取决于个人的偏好和需求。跑步是一种简便且有效的运动方式，能够快速提升心率，促进血液循环。如果你寻求一种既能锻炼身体又能锻炼内心的运动，那么瑜伽或许是个更好的选择。而对于那些担心受伤的朋友，游泳则是一种极佳的锻炼方式。

运动真的是个既简单又实用的解压方法。只要是你喜欢的运动，坚持下去，肯定能让你身心健康，心情愉悦。在忙碌的生活中，给自己找一片宁静的天地，通过运动释放压力，我们会再次感受到生活的美好！

（2）做自己喜欢的事情。做自己喜欢的事情确实是一种有效的解压方式。当人们处于压力状态时，身体会分泌出各种紧张激素，如肾上腺素和皮质醇等。这些激素的分泌会导致身体出现一系列不适症状，如头痛、失眠、食欲缺乏等。而通过做自己喜欢的事情来解压，可以有效地调节身体内的激素水平，缓解身体的不适症状，从而促进身心健康。当我们全身心投入自己热爱的事情中时，会忘记周围的烦恼，感到无比轻松和愉悦。这种轻松愉悦的感觉能够缓解内心的压力和紧张感，让人们恢复精神，重拾生活的热情。

无论是唱歌、绘画、运动还是写作，只要是能够让自己感到快乐和满足的事情，都可以成为解压的良方。

做自己喜欢的事情不仅能够缓解压力，还可以提高自信心和创造力。当我们全身心投入自己热爱的事情中时，会更加专注于当下，忘记自我限制和束缚，从而激发出更多的灵感和创造力。这种创造力的提升不仅可以提高工作效率，还可以让人们更加自信地面对生活中的各种挑战。

（3）和朋友聊天。和朋友聊天是一种非常有效的释放压力的方式。当我们面临困难或压力时，与朋友分享自己的问题和感受，可以获得他们的支持和理解，从而在心理上得到安慰和放松。这种交流不仅可以减轻我们的负担，还可以帮助我们更好地理解和处理问题。

在与朋友的交流中，我们可以倾诉自己的心声，分享自己的感受和困惑。朋友会给予我们关心和支持，让我们感到自己并不孤单。这种支持和理解可以帮助我们重新审视问题，以更积极的态度面对困难。

此外，与朋友聊天还可以为我们提供新的思路和建议。朋友可能会从不同的角度看待问题，给出我们未曾考虑过的解决方案。这些建议可能会激发我们的灵感，让我们找到更好的方法来应对压力和解决问题。

（4）深呼吸。深呼吸是一种简单而有效的放松技巧，当我们感觉紧张或者心里有点慌的时候，它就像魔法一样，能让我们的身体和心情一下子轻松起来。

当我们紧张的时候，身体就会进入一种战斗模式，心跳得飞快，呼吸也变得急促，甚至肌肉都变得紧绷。而深呼吸呢，就是帮我们按下一个“暂停”键。通过慢慢地吸气和呼气，我们的身体和心灵就会逐渐放松下来。神奇的是，深呼吸还能调节我们的自主神经系统，让我们的身体释放出更多的氧气和营养，让我们的心情变得更好。

那么，怎么用深呼吸来放松自己呢？方法很简单。找个安静的地方坐下来，让身体放松，然后慢慢地吸气，再慢慢地呼气。注意感受每一次呼吸的感觉，慢慢地我们会发现自己变得越来越放松。

当然，除了深呼吸，还有很多其他的放松方法。比如渐进性肌肉放松、冥想、瑜伽等，这些方法都能帮我们放松身体和心情。我们可以都试试看，找到适合自己的方法。

3. 转化压力

（1）调整思维方式。当我们面临挑战或困难时，负面情绪和想法往往会不期而至。这些消极的想法不仅会加重我们的心理负担，还可能对我们的身心健康产生负面影响。因此，学会转化压力，调整思维方式显得尤为重要。

首先，我们需要认识到，每一个问题都隐藏着积极的方面。当我们学会寻找并挖掘这些积极的方面时，我们便能从中汲取力量，增强应对困难的能力。例如，当我们遇到工作中的难题时，我们可以将其视为提升技能、增强能力的机会。这样，原本看似棘手的问题，便转化成了成长的助推器。

其次，从失败中学习经验教训也是转化压力的有效方法。失败并不意味着终点，而是新的起点。我们应该学会从失败中汲取教训，总结经验，以便更好地应对未来的挑战。例如，一位创业者如果在初次创业中遭遇失败，他可以从中学习到市场趋势、管理技巧等方面的经验，为下一次创业做好更充分的准备。

此外，保持乐观的心态也是转化压力的关键。乐观的人往往能够看到问题的另一面，从中找到希望和动力。而悲观的人则容易被问题困扰，陷入消极的情绪中无法自拔。因此，培养乐观的心态，有助于我们在面对挑战时保持积极向上的态度。

（2）制订计划。制订计划也可以帮助我们更好地应对挑战。当我们面临一项艰巨的任务或一个复杂的问题时，往往会感到压力重重。这时，如果我们能够坐下来，制订一份详细的计划，将任务分解成一个个小目标，那么我们就会感到轻松许多。计划中的每一步都变得清晰可见，我们能够更好地掌控整个过程。随着一个个小目标的实现，我们的自信心也会逐渐增强，从而更好地应对更大的挑战。

制订计划还可以增强我们的控制感和自信心。在面对压力时，我们常常会感到无助和无力。但是，当我们开始制订计划时，我们就会意识到自己拥有更多的选择和资源。我们可以根据自己的目标和实际情况，灵活地调整计划，从而更好地应对各种变化。这种控制感会让我们感到更加自信，从而更好地应对压力。

为了制订一个有效的计划，我们需要充分了解自己的目标和实际情况。我们需要思考自己有哪些资源可以利用，有哪些困难需要克服，以及如何分配时间和精力。同时，我们还需要考虑可能出现的意外情况，并制订相应的应对策略。只有这样，我们才能制订出一个切实可行的计划，从而更好地转化压力。

（3）学习新技能。学习新技能不仅是一种有效应对压力的方式，更是一种积极的自我提升手段。通过学习新技能，我们不仅能找到应对挑战的兴奋感，还能切实增强自身的核心竞争力。学习新技能的过程，实际上是一个自我突破和成长的过程。当我们面临新的知识和技能时，自然而然地会感受到一定的压力。但正是这种压力，激发了我们内心的好奇心和斗志。当我们逐渐掌握这些新技能，从初识的困惑到熟练地运用，那种成就感和自信会让我们觉得之前为克服困难和压力所付出的努力都是值得的。这种从挑战中获得的兴奋感，不仅转化了压力，更让我们对生活充满了激情。

更为重要的是，学习新技能对于提升个人能力和竞争力有着不可忽视的作用。在如今这个日新月异的时代，技能的更新换代也在加速。通过学习新技能，我们不仅能够适应社会的发展，更能站在时代的前沿，引领潮流。这样的能力，无疑会大大增强我们的竞争力，使我们在职场中脱颖而出。根据统计数据，那些持续学习新技能的人往往在工作中表现更出色，更受领导赏识。同时，他们也更能适应各种变化，从容面对生活中的挑战。

此外，学习新技能还能帮助我们开拓视野，培养多元化的思维方式。不同的技能往往关联着不同的知识和视角，学习新技能的过程也是我们拓宽视野、丰富内心世界的过程。这样的思维方式有助于我们在面对问题时更加全面、深入地思考，从而找到更好的解决方案。因此，我们应该积极拥抱学习新技能的机会，将其当成个人成长和提升竞争力的重要途径。

第三节　语言有力量

你用声音描绘蓝天
你用花语书写山涧
你用欣赏滋润童年
你用鼓励写满心泉
你一点头
便点出美妙的和弦

“良言一句三冬暖，恶语伤人六月寒。”

语言，这一深邃且神奇的交流工具，是人类文明不可或缺的构成部分。它不仅是人们表达思想、传递情感的途径，更是我们相互沟通、建立关系的桥梁。语言的力量，强大且深远，超乎我们的想象。

◎现象探索

1.关心变责骂

娟娟聪明伶俐，心直口快。近日一改往日的快乐，满脸愁容，心烦意乱。朋友问她为何事烦恼？她吐槽道，因老公单位应酬多，朋友多，老有酒局，还时常深夜喝得烂醉、满身酒气地回家。她抱怨、谩骂都无济于事。

朋友问她：“你老公每次回家晚，你怎么做？”

她答：“每次晚归，都一次次打电话催他回家。还是不回，就骂他，死外面算了。”

朋友又问：“骂他，有用吗？”

她说：“哪有用，越骂回得越晚。烦死了。还担心他，怕他喝醉开车出事，怕他喝坏身体。可人家不领情呀。”

她又说：“他不回，我气，我骂，我担心。他回来，我见他烂醉如泥更气，对骂有时变成对打。这日子没法过了……”

2. 常常言不由衷

“你除了吃，还会什么？”

“你怎么这么笨？”

“说了多少次了，怎么还是记不住！”

“你就是个废物！”

“你怎么不去死？”

“你怎么什么事都做不好？！”

“我怎么生了你这么个没用的东西！”

“别哭了！再哭就不要你了！”

……

这些话语，你是否觉得耳熟？在我们的成长过程中，或多或少都听过类似的话语。偶尔一两句或许无伤大雅，但反复无常、不分场合地说出口，却能逐渐摧毁人的自尊、自信，使人怀疑自身的价值。

3. 鼓励的言语能开花

有一个女孩，没考上大学，被安排在本村的小学教书。由于讲不清数学题，不到一周就被学生轰下台……

母亲为她擦了擦眼泪，安慰说，满肚子的东西，有人倒得出来，有人倒不出来，没必要为这个伤心，也许有更适合你的事情等着你去做……

后来，她又随本村的伙伴一起外出打工。不幸的是，她又被老板轰了回来，原因是剪裁衣服的时候，手脚太慢了，质量也不过关。

母亲对女儿说，手脚总是有快有慢，别人已经干很多年了，而你一直在念书，怎么快得了？

女儿后来又当过纺织工，干过市场管理员，做过会计，但无一例外，都半途而废。然而，每次女儿沮丧地回来时，母亲总安慰她，从没有抱怨……

三十岁时，女儿凭着一点语言天赋，做了聋哑学校的辅导员。后来，她开办了一家残障学校；再后来，她在许多城市开办了残障人士用品连锁店；现在，她已经是一个拥有几千万资产的老板了。

有一天，功成名就的女儿走到已经年迈的母亲跟前，她想得到一个一直以来想知道的答案。那就是早些年她连连失败，自己都觉得前途渺茫的时候，是什么原因让母亲对她那么有信心呢？

母亲的回答朴素而简单，她说，一块地，不适合种麦子，可以试试种豆子；豆子也长不好的话，可以种瓜果；瓜果也不济的话，撒上一些荞麦种子一定能开花，因为一块地，总有一粒种子适合它，也终会有属于它的一片收成。

◎理论解读

1. 消极语言

“现象探索 1”里娟娟对老公那样抱怨、指责、谩骂之类的语言就是消极语言。这是一种不健康的沟通方式，这些言辞往往会让对方感到被攻击或被否定，从而引发矛盾和冲突。消极语言不仅会影响个人的情绪和心理状态，还会对人际关系造成负面影响。当我们用消极语言来回击对方时，对方会产生消极情绪，这时候他必定会进行反击。如果责备对象是自己亲密的人，他有可能选择忍耐，慢慢就会产生一种无力感、无助感，他的性格会变得悲观，总是自我暗示“我就是无用的”，进而导致他人不愿与他积极互动。

此外，消极语言会使人产生消极情绪，而消极情绪会降低自我认同感。如果消极语言增多，就意味着消极行为也会增多，长此以往，对方可能会越来越偏向消极，不容易产生积极情绪，由此恶性循环下去，整个人都会慢慢失去希望。

2. 语言暴力

“现象探索 2”里那样使用谩骂、诋毁、蔑视、嘲笑等不文明语言，致使他人在精神和心理上感受到痛苦或伤害的一种暴力行为就是语言暴力。语言暴力不仅会对受害者造成情绪痛苦和精神困扰，还可能引起长期的心理健康问题，如抑郁症、焦虑症、药物成瘾甚至自杀倾向。

在网络上对他人进行语言攻击或辱骂，给其心理和思想上造成一定伤害就是网络语言暴力。如果网络语言暴力的行为达到一定程度，还可能构成犯罪，根据《中华人民共和国刑法》第二百四十六条的规定，以暴力或者其他方法公然侮辱他人或者捏造事实诽谤他人，情节严重的，处三年以下有期徒刑、拘役、管制或者剥夺政治权利。

“语言暴力真的很恐怖，它不像暴力一样，会立刻产生伤害，但语言暴力，就像一把刀子，在人的心口狠狠拉上一道，这个伤口，有些人一辈子都好不了。”胡慎之如此说道。

3. 积极语言

“现象探索 3”里的母亲就是使用积极语言的典范。她对未来充满希望，有积极的信念。积极语言不仅能够传递正面信息，还能够增强自信，帮助我们调整情绪、心态，这就是积极语言的魔力所在。

积极语言，作为一种正向的表达方式，它不仅可以引导我们关注生活中的美好事物，还可以为我们和他人带来愉悦的体验和积极的情绪。

当我们选择用积极的语言进行自我对话时，我们能够更深入地认识自己的优点和长处。这种自我对话不仅有助于提升我们的自信心，还能提升我们对生活的满足感。例如，当我们在面对挑战时，我们可以对自己说：“我能够克服这个困难”，而不是消极地认为“我不行”。这种积极的自我对话，能激发我们的内驱力，促使我们积极面对生活中的各种挑战。

对于孩子来说，家人和老师是他们成长过程中的重要他人。如果这些重要他人多用积极的语言与孩子交流，那么这将有助于孩子形成积极的自我认知。例如，当孩子遇到挫折时，家长可以鼓励孩子说：“你一直在努力，我相信你会做得更好。”这样的鼓励能够让孩子感受到家人的支持，从而激发他们的内在动力，培养他们面对困难的勇气。

积极语言不仅能够激发个人的内在动力，还能促进人与人之间的互动。当我们用积极的语言与他人交流时，我们传递的是尊重和信任。这种正向的互动能够促进人际关系的和谐，增强团队的凝聚力。例如，在工作中，同事面临困难时，我们可以说："我相信你有能力解决这个问题。"这样的鼓励不仅能帮助同事克服困难，还能增强团队的协作精神。

消极语言则往往带来负面的影响。它会使人陷入消极的情绪中，降低自我认同感。如果生活中消极语言增多，消极行为也会随之增多。长此以往，人们会逐渐失去对生活的希望和热情。因此，我们需要警惕消极语言的负面影响，多用积极语言来引导自己和他人。

◎ 策略应对

积极语言有一种强大的力量。它可以引导我们关注美好事物，保持阳光心态，提升沟通能力，促进人际关系的和谐。通过改变说话方式，用积极语言引导自己和他人，用积极语言给予他人支持与信任，我们可以创造一个更积极、更和谐的生活环境。让我们从现在开始，多说积极的话，多做积极的事，在积极中创造一个更美好的未来！

1. 构建自己内部的积极语言系统

（1）观察自己的语言习惯。观察自己的语言习惯是一项重要的自我提升任务。通过审视自己的言辞，我们可以更好地理解自己的思维方式、情感倾向和行为模式，让语言更有积极力量。

我们的言辞往往反映了我们的内心世界和价值观。通过分析自己的语言，我们可以了解自己的偏见、信念和行为动机。这种自我认知是实现个人成长和改变的关键。

观察自己的语言习惯还有助于提高沟通效率。在人际交往中，有效地沟通至关重要。通过留意自己的言辞，我们可以更好地理解他人的需求和感受，从而更好地与他人建立联系。此外，观察自己的语言习惯还有助于我们发现言辞中的模糊性和歧义，从而在沟通中更加精确和清晰地表达自己的观点。

那么，如何观察自己的语言习惯呢？以下是一些实用的方法：

- 记录自己的言辞：你可以尝试记录自己一天中说过的话，包括对话、笔记和自言自语。分析这些言辞，注意其中的用词、语气和表达方式。

- 留意言辞背后的情感：在与人交流时，注意自己和对方的言辞背后的情感。问问自己："我为什么会这样说"和"对方为什么会那样说"。这有助于你更好地理解自己的情感倾向和他人的动机。
- 反思自己的言辞：晚上躺在床上时，花一些时间反思自己的言辞。三问自己："我今天有没有说过不负责任的话？""我有没有用词不当？""我有没有表达不清自己的观点？"通过反思，你可以更好地认识自己的言辞和思维方式。
- 倾听他人的反馈：与他人建立真诚的对话，听取他们对你言辞的看法。有时候，他人可能更能察觉到你言辞中的问题。

（2）养成使用积极语言的习惯。首先，我们要学会积极地自我对话。在我们的日常生活中，自我对话起着至关重要的作用。积极的自我对话能够帮助我们激发内在潜能，提升生活品质，使我们更加自信、勇敢地面对挑战。在下列几种情况中，使用积极自我对话的方式是这样的：

- 学会欣赏自己的优点和成就，不断对自己说："我可以！""我做得很好！"这样的自我肯定能够提高我们的自尊心，让我们在面对困难时信心更加坚定。
- 设定明确、可实现的目标，并对自己说："我要努力实现这个目标。"这有助于激发我们的内在潜能，使我们更加专注地追求目标。
- 当遇到困难时，要对自己说："不要灰心，下次一定会更好。"这样的鼓励能够帮助我们战胜挫折，增强自信心。
- 面对挑战时，要保持乐观的心态，对自己说："我相信一切都会好起来的。"这有助于我们以积极的心态应对问题，从而更好地解决问题。
- 学会宽容自己，接受自己的不完美。犯错时，对自己说："每个人都有不完美的地方，下次我会做得更好。"这有助于减轻内疚感，让我们更加自信地面对生活。

其次，我们需要不断地丰富自己的积极语言库。积极的语言可以给我们的生活带来阳光，让我们在面对困难时保持乐观的心态。我们可以通过以下方式不断地丰富自己的积极语言库：

- 学习积极词汇：积极词汇是丰富积极语言库的基础。我们可以通过阅读、上课、听讲座等方式，学习一些积极向上的词汇和表达。
- 改变思维模式：学会从积极的角度看待事物，将问题视为挑战，把失败看作成功的垫脚石。这样，我们的思维模式会逐渐变得更加积极，语言也变得更加阳光。
- 培养感恩之心：学会感恩，对我们的生活和人际关系大有裨益。当我们对周围的人和事心怀感激时，我们的语言会更加温暖，生活也会更加美好。
- 实践正向沟通：在日常生活中，尽量用积极、正面的语言与他人沟通。这样，不仅能够给他人带来好情绪，还能提升自己的积极心态。
- 反思与调整：定期对自己的语言表达进行反思，检查是否有消极情绪渗透其中。如果有，及时调整，使之变得更加积极。

通过学习积极词汇、改变思维模式、培养感恩之心、实践正向沟通以及反思与调整，我们可以逐步提升自己的积极语言水平。在面对挑战时，保持积极的心态，相信自己，勇往直前，我们的生活会更加精彩。

2. 构建与他人的积极语言沟通模式

（1）倾听和尊重。在人际交往中，我们应该始终保持谦逊和尊重，倾听他人的意见和感受，并给予积极的回应。这不仅是一种基本的社交礼仪，更是一种对他人的尊重和关心。

通过用心倾听，我们可以更好地理解他人的需求和想法，进而建立更加深入的沟通和信任。尊重他人的观点意味着我们能够接纳不同的声音，并且不轻易打断他人发表自己的意见或否定他人的意见。给予积极的语言回应则可以让他人感受到被重视和被理解，增强彼此之间的情感联系。在人际交往中，语言的力量是不可忽视的。当我们与他人交流时，给予积极的语言回应是一种非常重要的沟通技巧。

- 积极的语言回应可以让他人感受到被重视。每个人都希望自己的观点和感受得到他人的认可和尊重。当我们认真倾听他人的话语，并以肯定的语言回应时，对方会感受到自己的意见受到了重视。这种回应可以激发对方的自尊心和自信心，从而加深彼此的信任和友谊。
- 积极的语言回应可以让他人感受到被理解。在人际交往中，误解和沟通障碍是常见的问题。如果我们能够站在对方的角度，理解对方的感受和需求，并用温暖的语言回应，那么对方会感受到被理解和被接纳。这种回应可以消除对方的疑虑和不安，促进彼此之间的沟通和合作。
- 积极的语言回应可以增强彼此之间的情感联系。情感联系是人际关系中非常重要的纽带。当我们用积极的语言回应他人的话语时，可以传递出关心和温暖的情感。这种情感联系可以加深彼此之间的默契和共鸣，使人际关系更加和谐、美好。
- 积极的语言回应是一种非常有效的沟通技巧。通过给予他人肯定、理解和关心的回应，我们可以增强彼此之间的情感联系，促进人际关系的和谐发展。因此，在日常生活中，我们应该多用温暖、鼓励和支持的语言回应他人，让彼此的心灵更加贴近。

（2）使用建设性的反馈。在人际交往中，我们不可避免地会遇到需要提出建议或批评的情况。然而，如何表达这些观点，最大限度地促进对方的成长和发展，又不给对方造成伤害或冲突，是一个需要深思的问题。建设性的表达方式不仅可以使对方更容易接受我们的观点，还可以促使双方的关系更加和谐。

首先，我们需要明确的是，提出建议或批评的目的是帮助对方，而不是指责或贬低对方。因此，我们的语气和态度应该以友好、关心和尊重为基础。这样，对方的防御心理会降低，从而更容易接受我们的观点。

其次，我们应该尽可能地使用具体的例子来说明问题。这样，对方就能更清楚地理解自己的不足之处，同时也可以避免因模糊和主观的语言而造成误解。此外，我们还可以使用积极的词语来描述对方的优点和潜力，以鼓励对方积极面对问题并寻求解决方案。

再次，我们还需要注意提出建议或批评的时机和场合。在适当的时机提出观点可以帮助对方更好地理解问题并寻找解决方案，在合适的场合表达观点则可以避免让对方感到尴尬或受到伤害。

最后，我们需要注意的是，建设性的表达方式并不是委曲求全或掩饰问题。我们应该坦诚地表达自己的观点，同时也要尊重对方的感受和需要。在交流中保持开放的心态，倾听对方的意见和建议，共同探讨解决问题的方法，才能真正达到互相帮助、共同成长的目的。

（3）寻找并强调优点。当我们与他人交流时，我们不仅要关注自己的观点和需求，还要关注对方的思想和感受。尊重和欣赏他人的优点和长处，给予肯定和鼓励，是一种积极的人际交往方式。

发现并强调他人的优点和长处，可以增强他们的自信心。每个人都有自己的闪光点，而这些闪光点往往需要被发现和肯定。当我们真诚地赞美和肯定他人时，他们的内心会充满喜悦和自信，进而更积极地面对生活中的挑战和困难。

给予他人肯定和鼓励可以帮助我们建立良好的人际关系。当我们对他人表达赞美和肯定时，他们会对我们产生好感，愿意与我们建立更紧密的联系。这种正面的互动不仅可以增进彼此之间的友谊，还可以在工作中建立良好的合作关系，促进共同的发展和进步。

肯定和鼓励也可以激发他人的潜力。当我们看到他人的优点和长处时，我们可以鼓励他们发挥自己的优势，挖掘自己的潜力。在鼓励和支持下，他人往往能够超越自己的限制，发挥出更大的潜能。

为了更好地肯定和鼓励他人，我们需要培养善于发现他人优点的眼光。我们应该用心观察他人的表现和行动，从中发现他们的闪光点。同时，我们也应该学会真诚地表达自己的赞美和肯定，让对方感受到我们的真诚和善意。

积极语言是一种强大的工具，它可以帮助我们建立自信、改善人际关系、激发创造力并保持积极的心态（见表 2–1）。通过学习并实践积极语言，我们不仅可以提升自己的幸福感和满足感，还可以影响和改变周围的世界。让我们共同努力，用积极的语言为我们的思维和行动注入正能量，开启更加精彩的人生之旅！

表 2-1 积极语言对消极语言

1. 对金钱的思维方式	
消极语言	**积极语言**
我不富有的原因是我有孩子	我必须富有的原因是我有孩子
要是我再年轻一点	我还很年轻
我受的教育有限	我会不断学习
要是我老爸给我留下 ……	成功要靠自己
稳定的工作就是一切	不断进取才是一切
赚钱的时候要小心，别去冒风险	要学会管理风险
我没有资金	我想办法找资金
我可买不起	我想办法买得起
钱不好赚	赚钱很容易
贪财乃是伤悲之源	贫困才是万恶之本
我对钱不感兴趣	我的爱好是让钱生钱
钱对我来说不重要	钱对我来说是人生价值
我要为赚钱而工作	我要让金钱为我工作
我从不富有	我是一个有钱人
这是一个贫穷的国家	这是一个富有的国家
2. 看待问题的角度	
消极语言	**积极语言**
我办不到	我怎样才能办到
我不可能赢	我一定要赢
在问题面前束手无策	想办法解决问题
心灵是封闭的	头脑是开放的
观念是陈旧的	观念是崭新的

续表

2. 看待问题的角度	
消极语言	**积极语言**
只说不做	语言后面跟着行动
看结果做事	看趋势做事
只看消极与失败的一面	先看积极和光明之处
在失败面前找借口	在失败之后找原因
字句中总有“不可能”	字句中没有“不可能”
不愿合作，不会使用人际关系	喜欢与人合作，会使用人际关系
目光短浅，斤斤计较眼前得失	目光远大，不会计较一时之利益
总觉得时间富裕，无所事事	总觉得时间不够用，忙于做事
总想休息，工作并痛苦着	热爱事业，工作并快乐着
3. 理财的方式	
消极语言	**积极语言**
等待天上掉下礼物	不断寻找新的乳酪
渴望中奖	奠定基业
鸡蛋里挑骨头	只找下金蛋的鸡
期待不劳而获	知道只有付出才有收获
贫穷是长久的	破产是暂时的
努力存钱	不断地投资
千方百计节约钱财	想方设法创造财富
口袋空空，脑袋也空空	口袋充实，脑袋更充实
甘心打工	愿当老板
总想去远方寻找宝藏	钻石就在脚下
4. 对待人生的选择	
消极语言	**积极语言**
抱守残缺，不知变革	锐意进取，开拓创新

续表

4. 对待人生的选择	
消极语言	**积极语言**
遇到挫折就放弃，还没做事就失败了	跌倒了再爬起来，不达目的不罢休
什么都想做	先做好一件事
总想找个好工作	一心要办个好公司
总是更努力地工作	总是更聪明地工作
是别人船上的海员	是自己命运的舵手
空想家	梦想家
流浪汉	实干家
坐等最佳时机	抓住每一个机会
人生是迷途羔羊	人生是惊醒的雄狮
做成事要靠运气	做成事靠努力
寄希望于下一代	给子女打天下

第四节　认知可灵活

我总是在阳光下读书
阳光把文字照亮
把我的思想也照亮
那些思想托起我的人生
让我看见
眼睛看不见的世界

“一个人的认知能力，决定了他人生的高度，他的一生也都在为认知买单。”

“改变认知能力，其实就是在改变人生。”

“走不出认知逻辑闭环，活在自己构建的世界里，人生犹如戴上了枷锁，画地为牢、寸步难行。”

提高认知能力，打破认知闭环，是我们人生道路上不可或缺的一环。只有这样，我们才能摆脱束缚，迈向更高的人生舞台。

◎现象探索

1. 找问题的习惯

小明期末考试成绩揭晓，他兴高采烈地拿着成绩单回家，期待着妈妈的表扬。然而，妈妈看到成绩单后，脸色阴沉，认为小明的成绩糟糕透了。她疑惑地问：“儿子，你数学考了 95 分，那丢的 5 分是怎么丢的？为什么你不能像别人一样考到 100 分呢？”

面对妈妈的质疑，小明愣住了，他没想到自己的努力换来的却是妈妈的责备。他委屈地大哭道：“妈妈，我已经尽力了，可是考试的时候，有几道题我确实不会，而且时间也不够用。我知道 100 分是完美的成绩，但我不觉得我的 95 分就很糟糕。我觉得我已经进步了很多，我希望你能为我加油鼓劲儿，而不是责备我……”

2. 生活方式的差异

牙膏从哪里开始挤，这个看似微不足道的生活琐事，却因为认知的差异，让一些夫妻产生了严重的分歧。

妻子认为，牙膏应该从底部挤，这样才能让牙膏的使用率更高，避免浪费。在她看来，丈夫随意挤牙膏的方式，不仅是在浪费资源，还表现出对家庭不负责任的态度。这种态度让她无法接受。

然而，丈夫却觉得这种小事不值得太过计较。从顶部或底部挤牙膏，只是个人习惯问题，不能体现出对家庭的不负责任。他觉得妻子过于计较这些小事，缺乏包容心，让他感到很压抑。在他看来，这种生活习惯的差异并没有影响到他们的婚姻，妻子却如此执着，让他感到无法理解。

随着争吵的升级，夫妻俩的感情也变得越来越紧张。妻子觉得丈夫在这件事上不肯妥协，说明他不够疼爱自己，不愿意为自己改变。而丈夫则觉得妻子过于计较小事，缺乏包容心，让他感到很压抑。这种矛盾日积月累，终于到了无法调和的地步，夫妻俩开始考虑离婚。

3. 固定思维模式

有这样一个著名的试验：把六只蜜蜂和六只苍蝇同时装进一个玻璃瓶中，然后将瓶子平放，让瓶底朝着窗户，结果发生了什么情况？你会看到蜜蜂一直在瓶底寻找出口，直到力气耗尽或者饿死。而苍蝇却在不到两分钟的时间内，穿过瓶颈逃逸一空。

蜜蜂的失败，很大程度上是由于它们的智力和经验。蜜蜂对光亮的喜爱使它们坚信，出口必然在光线最明亮的地方。因此，它们不停地重复着这种“合乎逻辑”的行动。然而，正是这种固定思维模式，让它们在困境中无法自拔，最终导致灭亡。

相比之下，苍蝇则显得“愚蠢”得多。它们没有像蜜蜂那样受限于固定思维模式，而是全然不顾亮光的吸引，四下乱飞。正是这种看似无序的行为，让它们在无意间撞上了“好运”，顺利地逃出了困境。

◎理论解读

1. 认知是什么

“现象探索 1”里的母子和“现象探索 2”里的夫妻为什么对待同一件事、同一个问题，会有不同的看法呢？这是因为每个人都是站在自己的角度上看待事情和问题，而自己的角度则源于自己的认知。

认知是一个广泛的概念，它涉及人类思维、知觉、记忆、语言、推理等各个方面。简单来说，认知是指人们对外界事物和自身状态的理解和评价。认知过程不仅包括感觉和知觉，还包括注意、记忆、思考、判断、解决问题和创造等复杂心理活动。从更深层次来说，认知是我们大脑对外部信息进行加工、组织和解释的过程。

2. 不合理认知

在日常生活中，我们的认知会对行为和情绪产生重要影响。然而，有时我们的认知可能存在不合理之处，从而导致负面情绪和不良行为。正如“现象探索 2”中的妻子，认为牙膏不从底部挤就是对家人的不负责任这一不合理认知就影响了夫妻关系。

不合理认知有以下特点：

- 绝对化：不合理认知往往以“必须”“应该”等绝对化的词语为基础，对事物和他人产生过高的期望。这种认知导致人们在面对现实时容易感到失望和挫败。
- 过分概括：这种认知方式常表现为以单一事件来评价自己或他人的整体价值，如在一次失败后认为自己一无是处。这种评价忽略了个体在不同领域的差异性和变化可能性。
- 糟糕至极：不合理认知往往将事物的结果设想得非常糟糕，从而导致恐慌和焦虑。这种认知使人们在面对困境时容易产生无助感和绝望情绪。

3. 固定思维对成长思维

“现象探索 3”里的蜜蜂坚信出口在光线最明亮的地方而不知变通的思维方式就是固定思维，与之对应的则是成长思维。

固定思维认为个人的能力是固定的，无法改变；成长思维则强调个人的成长和发展，认为能力可以通过努力和学习提升。下面是两者的区别：

- 有固定思维的人，对自己能力的评估非好即坏，所以难免失真。他们的评估结果，有些被夸大，有些很模糊。有成长思维的人，相信能力可以培养，对自己的现有水平，他们能以开放的心态评估。同时，他们对自己的学习水平有一个准确的评估，因此，他们能更好地学习和成长。
- 有固定思维的人，希望确保自己的成功。他们认为聪明人应该永远是成功的。这让他们极力掩饰不足，最后变成不爱学习的人。而对有成长思维的人来说，成功意味着拓展自己的能力。而这需要通过不断学习才能实现。
- 在有固定思维的人看来，假如他们在某事中失败了，他们就变成失败者。在这儿，失败从一种行为转化成了一种身份。在有成长思维的人看来，失败是痛苦的，但它不能决定一个人的未来。它仅仅是一个必须应对和处理的难题。并且，大家还能从这当中学习经验和受益。比如纳西姆·尼古拉斯·塔勒布在其著作《反脆弱》中所说的，“失败者往往在犯错后不自省、不探究，觉得难堪，听不得批评，试图解释自己的错误而不是用的新的信息丰富自己，并开始新的历程”。
- 有固定思维的人认为，只有无能的人才需要努力。如果他们需要为某件事付出努力，说明他们不擅长做这件事。有成长思维的人觉得，天才也需要努力才能成功。他们欣赏天赋，更崇尚努力。
- 有固定思维的人，只对反映其能力高低的反馈有兴趣。他们的注意力集中在答案的对错上，他们对帮助学习的信息没有兴趣。有成长思维的人，高度关注提高知识水平的信息。对他们来说，学习才是第一要务。

◎策略应对

在快节奏的现代社会，面对不断变化的环境和挑战，提高认知灵活性成为每个人都需要关注的问题。认知灵活性，指的是思维在不同领域、情境和问题之间的转换能力，它是我们应对复杂情境的关键。那么，如何在日常生活中培养认知灵活性呢？以下几个方法或许可以帮到你。

1.培养成长思维

培养成长思维，意味着跳出自我设限的框架，勇敢地追求自己的梦想。

（1）调整心态。认识到自己的能力是可以通过努力提升的，这是一种积极的人生观和自我认知。人生充满了无数的可能性，而我们的能力正是在不断尝试和挑战中逐渐提升的。给自己设限，往往是因为内心的恐惧和不安，正是这种恐惧和不安，使我们失去了面对挑战的勇气。因此，要摒弃给自己设限的思维，相信自己有能力改变和提升。

遇到难题时，要相信自己有能力解决。这是对自己能力有信心的体现，也是有决心战胜困难的体现。人们常说“困难是人生的试金石”，它能让我们更清楚地认识到自己的不足，也能逼迫我们不断成长。把问题看作锻炼和提升的机会，意味着我们不再惧怕困难，而是用积极的心态去应对。

在这个快速变化的社会中，我们需要具备较强的适应能力和抗压能力。遇到问题时，要学会冷静分析，从容应对。把问题看作锻炼和提升的机会，意味着我们在解决问题的过程中要不断总结经验，提炼方法，使自己的能力得到提升。

（2）设定目标。为自己设定具体、可衡量、可实现的目标，并持之以恒地去实现它们。这是成功人士的秘诀，也是我们不断提高自己、迈向卓越的关键。在这个过程中，目标的设定至关重要，它能为我们的学习和工作提供明确的方向，使我们更加专注和高效。

首先，目标的设定要具体。可以用具体的语言清楚地说明要达成的行为标准，这样才能确保我们的努力不会偏离轨道。明确的目标能让我们在面临选择时，更加果断地做出决策，迅速找到问题的核心。例如，在学业上，我们可以设定短期、中期和长期目标，如每周完成多少学习任务、期末考试取得优异成绩的分数范围等。在事业上，我们可以设定职位晋升、技能提升或业务拓展等目标。

其次，可衡量的目标有助于我们检验自己的成果。通过设定具体、可衡量的目标，我们可以更加客观地评估自己的进步。例如，我们可以设定每天学习半小时、每月阅读两本书等目标。这些目标具有明确的时间和数量要求，使我们更容易跟踪自己的进度，确保我们始终保持积极的学习态度。

再次，可实现的目标是我们在努力过程中要尊重现实。我们应该确保自己设定的目标在付出努力后是可以实现的，避免设立过高或过低的目标。合理的目标能让我们在实现的过程中保持信心和动力。例如，我们可以通过制订实际的学习计划、合理分配时间和精力，确保自己所设定的目标能够实现。

最后，持之以恒地去实现目标。成功并非一蹴而就，而是通过持续不断地努力积累而来的。在实现目标的过程中，我们要有耐心和毅力，不怕失败，勇于面对挑战。遇到困难和挫折时，我们要学会调整心态，适时调整策略，始终坚定信念，勇往直前。

相信在不断努力的过程中，我们能不断提高自己，迈向人生的巅峰。在这个过程中，让我们牢记目标的重要性，用目标的灯塔指引我们前行，激发我们无尽的潜能。只要我们坚定信念、奋发向前，终有一天，我们会感谢今天为之努力的自己。

（3）保持好奇。好奇心，是人类进步的源泉，也是推动我们探索未知世界的强大动力。在人类发展的历程中，正是因为有了好奇心，我们才能不断突破自我，挑战极限，探索未知领域。对于个人而言，保持好奇心，勇于尝试新事物，是提升自身认知的关键因素。以下是关于好奇心作用的几点阐述。

- 好奇心能激发我们的学习热情。在人生的道路上，我们需要不断地学习，充实自己，以应对不断变化的社会环境。好奇心使我们乐于接触新知识，积极主动地寻求答案，从而在各个方面取得更好的成绩。
- 好奇心能帮助我们拓宽视野。在这个信息爆炸的时代，我们需要具备广泛的知识面和跨领域的思维方式。好奇心使我们对各种领域产生兴趣，从而主动关注多元文化，了解世界各地的风土人情，丰富我们的内心世界。

- 好奇心能够提高我们的适应能力。面对不确定的未来，我们需要具备较强的适应能力，以应对各种挑战。好奇心使我们不断尝试新事物，锻炼我们的抗压能力和应变能力，使我们能够更快地适应不断变化的环境。
- 好奇心还能培养我们的创新精神。在我国科技创新的道路上，好奇心是不可或缺的品质。好奇心使我们不断追求卓越，敢于挑战权威，勇于突破传统思维的束缚，从而推动科技的发展和进步。
- 好奇心有助于我们发现生活中的美好。生活中处处充满了奇妙和惊喜，好奇心使我们对身边的一切保持敏感，发现生活中的美丽瞬间，体验到幸福和快乐。

（4）建立成长型学习团队。在人生的成长道路上，我们总会遇到各种各样的问题和挑战。面对这些问题和挑战，与拥有相似兴趣和目标的人共同学习、成长，相互鼓励、支持，会事半功倍。这样的团队能为我们提供良好的学习氛围，帮助我们更快地提升自己，实现个人价值和团队价值的共同提升。

与志同道合的人共同学习，可以使我们在学术和实践方面取得更大的进步。在团队中，每个人都可以发挥自己的特长，为团队贡献自己的力量。通过交流和分享，团队成员可以相互学习，取长补短，不断提高自己的能力和素质。

在学习和成长的过程中，我们会遇到挫折和困难。这时，团队中的成员可以相互鼓励，为彼此提供前进的动力。面对困难，团队成员齐心协力，共同解决问题，从而实现团队的共同成长。

一个优秀的团队能够为成员创造一个积极、和谐的学习氛围。在这样的氛围中，团队成员更容易专注于学习，充分发挥自己的潜能。同时，团队中的正能量也能帮助成员保持积极的心态，面对挑战时充满信心。

在团队中，成员们共同制定目标，携手并进，为实现团队愿景而努力。面对未来的挑战，团队中的每一个人都充满信心，勇往直前。通过共同努力，团队成员可以共创辉煌，实现个人与团队的共同发展。

在学习与成长的道路上，我们要珍惜这样的团队，积极参与团队活动，相互学习，共同进步，为实现个人和团队的共同发展努力拼搏。

（5）反思与总结。在我们的日常生活和职业生涯中，养成定期反思和总结的习惯至关重要。这不仅有助于我们发现自身的不足之处，还能让我们有针对性地进行改进和提升。

首先，反思能帮助我们认识到自己的不足。人无完人，每个人都有自己的优点和不足。通过反思，我们能更好地认识到自己在学习、工作和生活中的短板，从而为改进和提升自己提供依据。认识到自己的不足后，我们可以有针对性地制订改进计划，逐步弥补这些不足。

其次，定期反思有助于我们及时调整自己的心态和行为。在生活和工作中，我们可能会遇到各种挫折和困难。通过定期反思，我们能更好地应对这些挫折，及时调整自己的心态，保持乐观和积极。同时，反思还能让我们认识到自己过去的行为是否存在不当之处，从而在以后的生活中更加谨慎和自律。

每个人的一生都会有许多经历，这些经历无论是成功的还是失败的，都能为我们提供宝贵的经验。通过总结，我们能更好地认识到自己在过去的学习和工作中取得了哪些成果，又犯了哪些错误。这样，我们在未来的道路上就能避免再次犯同样的错误，更加顺利地前进。

通过调整心态、设定目标、保持好奇、建立成长型学习团队以及反思与总结，我们可以逐步提升自己的能力，迈向无限可能。让我们一起拥抱成长思维，开启人生新篇章！

2. 多角度思考

在我们日常生活中，遇到问题时，如何才能找到最佳的解决方案呢？这就需要我们学会从不同的角度进行分析。多角度思考是一种重要的思维方式，它能帮助我们全面地审视问题，发现问题的多个方面，从而提高我们解决问题的灵活性和效率。

为什么要从不同角度分析问题呢？这是因为问题往往具有复杂性和多样性，单一的角度很难捕捉到问题的全貌。比如说，当我们遇到一个困难时，如果仅仅从自己的立场出发，就可能会陷入思维定式，无法看到问题的本质。而多角度思考能让我们从多个维度去观察问题，从而更准确地把握问题的核心。

那么，如何进行多角度思考呢？这里提供几点建议：

- 换位思考。站在别人的角度去看问题，能让我们更好地理解他人的需求和想法，从而找到问题的切入点。
- 拓宽视野。在分析问题时，不妨将视野拓宽，从历史、文化、社会等多个层面去考虑，这将有助于我们更全面地了解问题。
- 善于倾听。倾听他人的意见和建议，能让我们从更多的角度去审视问题，从而提高我们的分析能力。
- 保持开放心态。在面对问题时，我们要保持一颗开放的心，尊重不同的观点，这样才能吸收更多的信息，进行更深入的思考。
- 批判性思维。批判性思维是一种重要的思维方式，它能帮助我们挖掘问题的根源，从而找到解决问题的方法。

要想掌握多角度思考这种思维方式，我们需要不断地锻炼自己的观察能力、倾听能力和思考能力。只要我们能够多角度地思考问题，就能在生活和工作中找到更多的解决问题的方法，从而实现自我提升和成长。

3. 保持学习的状态

认知灵活性，简单来说，就是我们的大脑在处理信息、解决问题时能够灵活转变思维方式和角度的能力。这种能力与我们的学习能力紧密相连，因为一个具有高度认知灵活性的人往往能够更好地适应不同的环境和任务。

持续学习，对于提高认知灵活性和适应能力至关重要。当我们不断地接触新知识、新技能时，我们的大脑会不断地进行神经网络的重组和优化，从而使我们更好地应对各种挑战。无论是参加各类培训课程、在线学习，还是主动追求知识更新，都是提升认知灵活性的有效途径。

一项研究显示，那些保持学习状态的人在面对新任务时更容易找到解决方案，表现出更高的认知灵活性。这是因为他们的知识储备更为丰富，思维方式更为开阔，能够从多个角度去思考和解决问题。

举个例子，一个长期学习编程的人，在遇到一个复杂的编程问题时，他不仅能够运用已有的编程知识去解决，还能够借鉴其他领域的知识和方法，从而找到更为高效和创新的解决方案。这就是认知灵活性的体现，也是持续学习的成果。

此外，持续学习还能帮助我们更好地应对变化。在当今这个信息爆炸的时代，知识和技能日新月异。只有保持持续学习的状态，我们才能够跟上时代的步伐，适应不断变化的环境和工作要求。

在这个充满变化的时代，拥有高度认知灵活性的人，将更具竞争力。相信通过以上方法，大家的认知会更加灵活，能更好地应对生活中的各种挑战，成就一个更好的自己。

第五节　创伤变资源

无数次伤痛中跌倒
爬起来数着悲伤
在霞光中复原
再跌倒，仍是你的能量
带你去找人生的宝藏
在逆境中，活出希望

遇到流血的伤口，我们会怎么办？我想大部分人会立即消毒、包扎、避免感染，休养生息。但心灵的创伤却很隐秘，可能要多年以后才意识到原来有一个角落并不正常。我们用拒人千里的铠甲，或咄咄逼人的荆棘，或无法自拔的欲望……把这个角落层层围裹。于是这个角落变得越来越大，就像增生的组织，大到让我们感到不适和痛苦。就像《爱上你，治愈我》中说到“人的内心就像一座座冰山，人们能看到的，只是浮在水面上的十分之一，哪怕这个世界上真的存在可以治愈心灵的手术刀，那也很难发现深藏在水底的伤口”。身体的创伤，是看得见的，并且会得到积极处理，能够治愈。但心灵上的创伤，它看不见、摸不着，却无时无刻不在影响着我们的认知、情绪、行为。

一般人认为“心灵创伤”就是一种“负面”的东西，它只有坏处、没有好处，对我们的成长毫无帮助，从而对其不认可、不接纳、不面对。并且，有些人往往会长时间待在创伤中难以走出！但是，我们这一节想要说的是：即使是创伤，也蕴含着丰富的资源，也可以让我们成长！

这种资源指的是一个人在面对困难和挑战时所依靠的自身心理能力、个人品质和情感状态等方面的资源。这些资源可以帮助一个人在面对不同情况时，保持稳定和积极的态度，更能提高其应对能力、抵抗力和生存能力。

◎现象探索

如上所说，大多数人会将心理创伤认为是坏的，往往还不愿意接受这个“坏”的事实（或者说，我们的心理能量很低，无法消化吸收这个“创伤”）。于是，人们往往会选择忽视它，让时间成为它们的良药，时间久了就好了。我们会选择“自我欺骗”或将它们遗忘。殊不知，我们这样做相当于是在“封堵”火山口，堵得越凶，后面“爆发”得越厉害！

1. 语言暴力似把刀

你有没有说过或听到过这样的语言：“废物”“就知道吃”“丢人”“蠢得像头猪”“滚”“我宁可没有生过你”……

这些语言戳进听者的心里，后来，就变成了虐杀他们的“凶器”。再后来，就成了恩断义绝的“断情刀”。同样听到这些言语，有的人面色平静，有的人情绪会被立刻点爆。这或许跟早年的语言创伤有关。语言暴力，就好似一把无形刀，在人的心口狠狠划上一道，这个伤口可能一辈子都好不了。特别是父母对孩子的语言伤害，会让孩子变得不自信。英国哲学家洛克说：“每个人来到这世界，就像一张白纸一样。而后，他生存的环境开始给他上色，他的环境是什么样的，他就会变成什么样的人。”

2. 记忆深处的创伤

有些人会因为别人的某个行为或某种态度，内心波澜起伏，这可能跟记忆深处的创伤有关。比如儿童被长期忽视或虐待，就会形成童年创伤，给成长带来不良的后果，这样的人成年后会异常敏感，难以与他人建立亲密关系。创伤的引发因素还包括家暴、抢劫、枪击、爆炸、强奸、被拐、性侵、性虐待、拷打、关禁闭、人质劫持、战争、恐怖活动等。

这些创伤有些可能会在三个月内自我疗愈，有的却会陪伴终身，造成整个人身体、智力、情绪和行为的改变。

3. 创伤性事件

还有一些人会对某个场景有强烈的创伤反应，这可能是因为他们在这些场景中发生过不愉快的事件。比如创伤性事件，也就是那些严重威胁人身安全或者身体完整性、引起个体社会地位或者社会关系发生急剧改变，并引起个体心理反应的事件。心理反应的共同特点是感觉强烈的恐惧、无助、失控、毁灭的威胁或其他内心体验。它包括重大疾病、手术、重要丧失（失业、失婚等）、不公正待遇、重大医学事件、重要亲人死亡，还包括个体曾经历的疫情、地震（如唐山大地震、汶川大地震）、洪水、飓风、森林火灾、火山爆发、雪崩、山体滑坡等，抑或是火车、地铁、汽车的运输灾难，以及空难、海难、煤气爆炸、建筑结构的坍塌（如煤矿坍塌）、环境灾难（如核灾难）等。

◎理论解读

正如荣格在《红书》中所说："我深层的内在是座火山，里面流动不息的火团喷涌而出……谁走进火山，都会熔解成为混沌的物质。他体内有形的都会熔解，重新与那混沌的、黑暗力量的、克制又挑逗的、强逼又诱人的、神圣又邪恶的孩子融合。这些力量从四面八方把我的确定和限制扯出去，把我跟所有的形式、所有遥远的本质和事物联系起来，让我内在的消息成为它们的存在与特质！"

我们可以尝试着从"创伤"经历中挖掘出"成长资源"，让"创伤"变得有价值、有意义。

1. 什么是心理创伤

创伤在狭义上是指机械性致伤因素作用于人体所造成的组织结构完整性的破坏或功能障碍；而广义上讲，物理、化学、心理等因素对人体造成的伤害也可称为创伤。

心理创伤，在精神病学上被定义为"超出一般人经验的事件"。创伤通常会让人感到无能为力或无助。创伤的发生都是突然的、无法抵抗的。

2. 心理创伤的影响

心理创伤是压制在潜意识里的“情结”或“阴影”，它们都是有能量的，经常会以各种形式袭扰我们的“意识”层面。例如，一向温和的人听到某种声音、看到某种东西会突然“脾气火暴”或感到“恐惧”；有人时不时会被某些“噩梦”缠身，这就像地球深处的岩浆对地表的袭扰产生的“火山活动”一样。而且，越是压制它们，便越是在给予它们爆发的能量！

简而言之，这些压制在我们潜意识里的情结或阴影就如同地球深处的岩浆，不确定在哪天会以某种“火山活动”的形式爆发出来，让我们的意识层面不得安宁！

3. 如何看待心理创伤

在日常生活中，许多人对有心理问题或心理疾病的人有误解，认为就是“想多了”“心理承受能力差”“抗压能力差”。许多人对抑郁症患者持一种排斥、孤立的态度。对此，我不由得想起了一句歌词：“白天不懂夜的黑！”

只有经历过“创伤”的人，对“心理问题”才会有更加深刻的体会，因而就很容易与别人进行“深度共情”，建立良好的关系，“创伤”经历在一定条件下可以成为建立关系的“优势资源”。

当然，这并不是说要我们故意找罪受，而是说当创伤不可避免的时候，我们依然可以从中挖掘出成长资源！

◎ 策略应对

对于心理创伤，我们能做什么？

美国心理学博士、临床心理学家利奈特·S. 丹妮恰克等人在《创伤与解离——创伤如何使我们成为另一个人》一书中提供了有关复杂性创伤和创伤治疗的内容，能帮助你获得一定的掌控感，减轻症状带来的羞耻感和无助感，并学会寻找资源。正如作者所说：“发生在人际关系背景下的创伤，只能在人际关系的背景下治愈。”

1.解离技术

（1）一个人体验到的闯入性的某个记忆或画面是来自过去的某种感觉，还是一种不真实的感觉？

（2）寻找触发点：在一个人爆发情绪前发生了什么？尝试描述当时的情境。比如，在什么时候？在哪里？跟谁在一起？做了什么？是什么触发了情绪？是否有视觉、听觉、触觉、嗅觉、味觉等感官触发？

（3）情绪体验和身体感觉如何。例如，在解离之前和之后的体验，有个人感到很害怕，浑身僵住了，事后却觉得自己的反应很蠢。

他在当下的处理方式。什么可以帮助他把自己带回当下？

2.感官接地技术

- 用凉水洗脸，或者用水冲洗双手。
- 说出你能看到的5件东西。命名你周围的物体可以调动大脑的语言系统，这有助于抑制图像、记忆和情绪系统。
- 玩5-4-3-2-1的游戏。说出看到的5样东西，听到的4种声音，触摸到的3样物体，闻到的2种气味，尝到的1种味道。
- 随身携带一个物品。最好是具有良好感官特性的东西，当被触发时，可以触摸它。比如一块鹅卵石，或一个可挤压的压力球。
- 携带一个有意义的物品。它可以提醒你，你活下来了，你是值得被爱的，或者你很坚强。也许是一封信或一张对你有意义的照片。
- 使用一种接地的气味。强烈的气味，如嗅盐或茶树油，可以把你的注意力带回此时此地。许多人喜欢随身携带有愉快气味的护手霜。
- 伸展身体。伸手尝试触摸天空，然后弯下腰，尝试触摸地面。
- 脚底板紧接地面。从字面上看，就是把自己“接地”。
- 握紧和释放你的拳头。感受紧张感从你的身体流走。
- 吃点东西。向自己描述食物的味道和质地。
- 慢慢地、有意识地走路。真正注意每一步的感觉。
- 专注于你的呼吸。注意你的身体在吸气和呼气时的感觉。

- 到外面去，欣赏大自然。感受微风拂面，观看云彩，关注你周围的生活。
- 冲澡或泡澡。用这些感觉和气味来分散你的注意力。
- 锻炼身体。去跑步或散步，练习瑜伽，游泳……

3. 认知接地技术

- 确定自己的空间位置。描述你所在的地方和你周围的事物。
- 描述你所在的时间。对自己说现在是哪一年、哪一月、哪一天、什么时候。
- 向自己证明自己是安全的。提醒自己创伤发生的地点和时间，然后提醒自己现在的位置，以及创伤结束有多长时间了。
- 对自己温柔地说话，就像对一个小孩子说话一样。例如，“你有不想要的记忆，难怪你会感到不安全”“你现在是安全的、被爱的”。
- 想象或回忆一个安全的地方。关注这个地方的特质，以及为什么它让你感觉良好。
- 对自己说积极的语言。例如，“这也会过去的”“我可以的”。
- 重复一句鼓舞人心的话、歌词或诗歌。
- 提醒自己，你是安全的。对自己说“这些都结束了”“我现在很安全”。
- 携带一封给自己写的信。在你感觉好的时候写下这封信。这封信可以提醒你已经走过的路，取得的进步。

除此之外，还可以请专业人士重新训练我们的大脑。创伤会改变我们的大脑，让我们更敏感于“危险的信号”。通过有意识地训练大脑关注安全的信号，告诉自己的大脑，此时此地自己是安全的。

第六节　生命有意义

天空是那样的蓝
脚步是那样的轻
你为大地添一件衣衫
我为生命种一棵斑斓
你写下意义的诗篇
我，在这里深情陪伴

你的生命有意义吗？你觉得生命的意义究竟是什么呢？随着城市化进程的加速，越来越多的人关注周围人和自己所展现的生活状态和精神面貌，大家开始思考人生的意义，希望通过揭开琐碎生活的面纱，寻得生活的美好和意义所在。生命意义一方面关系到人的心理健康，另一方面也关系到人的行为方式和生活态度，因此提升生命意义感，对于促进心理健康和提高生活质量有着重要的意义。

◎现象探索

当我们与孩子谈论“人生意义”的时候，谈论什么呢？先一起来看看生命无意义的现象。

1.感受不到生活的意义

“我不知道为什么要来上学”“学习让我没有愉悦感”……你听到过这样的话语吗？

我曾在高一新生的第一堂心理课上，以手臂测量法来测试学生的入学状态。分值范围是0~5分。感觉生活非常有意义、状态最佳的为5分，呈现方式是手臂高举贴紧耳朵；感觉生活的意义一般、状态一般的为3分，呈现方式是手臂平举与身体成90° 角；感觉生活无意义、状态糟糕透了的为0分，呈现方式是手臂低垂贴紧大腿。心里数到三，把这个分数打出来。结果是绝大部分同学的打分是2.5分，还有不少同学感觉生活无意义、状态很糟糕，这部分同学常会发出“我的人生毫无意义”“我既没有生活的目标也没有未来的方向”“谁叫我考上了高中”…… 原因在于他们对所学的科目没有建立意义感，找不到读书跟自己的生活之间的联系，看不到读书对于实现自我价值有什么帮助，只是被动地学习与考试。他们有强烈的无力感和无意义感，觉得自己和这个世界没有真正的联系，也不知道为什么要活着。这样的困惑，是否有时也会萦绕在你的工作和生活中？这种心理现象是由价值观缺陷导致的，主要表现为感觉人生毫无意义，对生活感到十分迷茫，不知道自己想要什么。

2. 疲惫的心灵

你有没有这样的朋友，表面看起来非常风光，内心却满是沧桑。

A非常在意别人对自己的看法，需要维系在他人眼里良好的自我形象。于是在家庭和工作环境中，都不会对别人表达拒绝，即使自己已经身心疲惫，还要把身边的人照顾得很好。回到家，有时因洗不洗碗、收不收衣服也会由口角上升至人身攻击，直至婚姻关系亮起红灯。A不明白，为什么自己小心翼翼地经营各种关系，收获的却是各种不理解。所有的辛酸和委屈只能藏在心里，脸上还得表现出幸福和微笑。看似融洽的关系背后，却是辛苦和疲惫，因为在这个过程中A忽略掉了自己的感受和需求。

3. 逃避现实世界

你有没有看到身边有些孩子宁可在家躺着打游戏，也不去上学？有些人感觉生命无意义，还出现了强烈的自杀意念。他们并不是因为现实中的困难、痛苦和挫折才出现了极端想法，而是单纯觉得活着没有价值和意义。通常他们出现这样的问题已经不是一两天，可能从初中、高中，甚至更早就开始感到迷茫，或许之前已经有过尝试自杀的行为。

小B说，他常常在洗脸的时候，望着窗外，似乎有个声音说：“跳下去吧，跳下去就解脱了。” 原来是因为学习竞争激烈，他感到压力过大，无法实现自我价值和目标。到这里，你或许会发现，这似乎和抑郁症有许多相似之处。无意义感可能符合抑郁症的诊断标准，但是仅仅有无意义感并不能确诊抑郁症。

总的来说，无意义感很可能是家庭因素、社会环境导致的。

◎理论解读

1. 什么是生命的意义

生命的意义是什么呢？心理漫画《人生的意义与甜甜圈》中弟弟问姐姐：如果人早晚都会死去，那么人生的意义是什么呢？

漫画中的姐姐是借用一种食物——甜甜圈来说明的。她用最终是被吃掉的甜甜圈的命运来比喻生命，即使我们知道甜甜圈最终会被吃完，但还是会去享用甚至去珍惜它。生命是艰难的，我们有时候会很快乐，有时候会很悲伤，但是就像甜甜圈一样，我们拥有尽情享受它的机会。

又如法国儿童文学短篇小说《小王子》中，狐狸对小王子说："金黄色的麦子会让我想起你，我甚至会喜欢上风在麦穗间吹拂的声音。"狐狸和麦子之间本没有关系，麦子本不会让狐狸有任何内心波动。但是，当狐狸遇见了小王子，与小王子建立了情感联结时，狐狸喜欢上了麦子。因为此时的麦子与小王子息息相关，对于狐狸来说，麦子从此产生了"意义"。

没错，生命虽然有限，但它与生活息息相关，你生活中的一切也可以有意义。

2. 生命存在的意义

（1）从生物学角度来看：生命存在的意义在于维持和繁衍后代。然而，这种意义仅限于我们的基因和生物学特征，并不能完全代表我们作为智慧生物所追求的目标和价值观。在现代社会中，我们更加关注的是个人的精神世界和自我实现，这些方面更能体现出生命的意义。

（2）从哲学角度来看：生命存在的意义在于我们能够思考我们所处的世界，以及我们在这个世界中所处的位置和所扮演的角色。哲学家们一直在探索人类存在的意义，他们试图通过理性的思考来回答生命存在的意义这个问题。而我们在日常生活中，也可以通过自己的思考和体验来理解生命存在的意义，从而更加珍惜我们所拥有的一切。

（3）从心理学角度来看：生命存在的意义在于我们能够意识到自己内心的需求和价值观，并通过实现这些需求和价值观来获得满足感和成就感。心理学家们认为，每个人都有自己独特的人格和心理需求，而生命存在的意义在于我们能够不断地探索自己的内心世界，从而找到自己的方向和目标。

每个人对于生命的理解和认识是不同的。有人认为生命存在的意义在于追求物质财富，获得更多的名利；有人认为生命存在的意义在于亲情、友情，与亲朋好友相处融洽；有人认为生命存在的意义在于追求自我成长，实现自己的人生价值等。不论个人对生命意义有什么样的见解，都需要认识到生命存在的意义是多元化的，理解一方面不代表就否认其他方面，而是需要用心去寻找和体会自己认为最有价值的部分。在我看来，生命存在的意义在于我们能够通过自己的思考和体验找到自己的方向和目标，从而在人生的旅途中不断地追求自己所追求的目标。

3. 生命意义对心理健康的影响

奥地利著名心理学家维克多·弗兰克尔，犹太人，他在德国纳粹的奥斯威辛集中营这个人间炼狱中受尽了万般苦难与折磨。出来后，发现自己的父母、哥哥、妻子早已死在集中营，最终他靠对生命的执着追求顽强地活了下来，并将自己的亲身经历写进《活出生命的意义》这本书中。

还有一个比较近的例子。于娟，复旦博士，在一个大有作为的年纪，不幸被查出乳腺癌晚期。她一生梦想完成的环保事业，原本向往的美好家庭生活，在这一刻都变得那么遥不可及。“断肠蚀骨腐心”这类只在武侠小说里看过的词，于娟体验了无数次。即便这样，于娟还是有所期待，她的生命依然充满了无限的意义。她说，她什么都做不了了，能做的只有无畏地死了。她利用剩余不多的生命写下了 70 多篇抗癌日记，她的坚强给无数同样遭受痛苦折磨的病友送去了鼓励，她对生活的热爱给深陷泥沼的人带来了希望。于娟对维克多·弗兰克尔关于生命意义的思考做了很好的诠释：用具体的经历给出答案。

正是他们对生命意义的执着追求，让他们能够对消极生活事件有新的、不同的解释，使他们有能力在消极事件中找到积极的意义，从而提高他们应对困境的能力，这便是生命意义对心理健康的积极影响。相反，一个人没有找到生命的意义，就会导致严重的后果。比如生活中遭遇挫折、困境或是重大家庭变故等，会让我们感觉人生没有意义，导致心理问题的发生甚至发展成心理疾病。那怎样才能让我们的人生过得有意义呢？

◎策略应对

1. 探寻生命的意义

（1）寻找内在的意义。生命的意义可能不在于外部环境或他人的期望，而在于个体内在的追求和价值。我们需要明确自己的价值观和目标，我们需要知道自己想要什么，以及我们需要觉察什么是重要的。这将帮助我们在生活中做出正确的决策，并确保我们朝着想要的方向前进。我们可以通过反思自我、发掘自我潜能、挑战自我限制等方式来寻找内在的意义。

（2）探索社会意义。生命的意义还可以从社会的角度进行探索。人们可以通过为他人服务、参与公益事业、推动社会进步等方式来寻找生命的意义。

（3）尝试新的经历。生命的意义也可以从探索未知中得到。人们可以通过旅行、学习新知识、尝试新体验等方式来扩展自己的视野和经验。如在旅行过程中，接触不同的文化和生活方式，拓宽视野，我们就能以新的角度看待生活和问题。探索自然景观，我们可以感受生命的奇迹和自然的力量，从而对生命有更深的敬畏，并从中汲取生命的启示。

（4）享受生活中的美好时刻。我们可以通过与家人、朋友、社区等建立联系来寻找生命的意义。人类是社交性动物，有着强烈的社交需求和情感需求，与他人建立联系可以给人带来安全感和满足感。感恩家人、感恩朋友、感恩一起共患难的手足、感恩敌人，他们有的抚养我们长大成人，有的带给我们欢声笑语，有的和我们一起感受生活的酸甜苦辣，有的不断催我们前行。其实生活中有很多美好的事情，比如与家人和朋友共度时光，探索新的地方和文化，以及追求我们的梦想。我们需要学会珍惜这些时刻，并感恩自己所拥有的一切。

（5）追求创造性。创造性地追求是寻找生命意义的一种方式。人们可以通过创作、发明、创新等方式来实现自我价值和寻找生命意义。

（6）接受生活中的不确定性和挑战。生活中总会有一些不可预测的事情发生，这些事情可能会让我们感到沮丧和失望。但是，我们需要学会从这些挑战中学习，并变得更加坚强和有韧性。

对每个人而言，生命的意义是不一样的。有人专注于精神状态，有人专注于生活状态，有人专注于过好自己，无论哪种方式都能够帮助我们找到自己生命的意义，让我们的生命变得温暖、充实、精彩。

2.创造生命的意义

（1）建立正确的价值观和人生目标。价值观缺陷，导致人生毫无意义和方向。因此，我们需要树立正确的价值观，不盲目追求物质和功利，更多地关注自己的内在需求和兴趣，才能找到自己的人生目标和意义。

（2）培养积极的心态和乐观的情绪。无价值感的特点是疲惫、孤独、情绪差，导致生活没有动力和希望。因此，我们需要培养积极的心态，学会面对困难和挫折；不轻言放弃，不自暴自弃，保持乐观与自信，相信自己能够创造美好的生活。

（3）加强人际交往和社会参与。无价值感的表现是被孤立、无助、存在感缺失，导致身心被掏空。因此，我们需要加强人际交往和社会参与，多与家人、朋友、同事等沟通和互动，寻求支持和认同，增强归属感和自尊感，同时也要关心他人和社会，贡献自己的力量和价值。

（4）丰富生活内容和娱乐方式。无价值感的原因是生活单调、无趣、无聊，导致内心空虚。因此，我们需要丰富生活内容和娱乐方式，多参加一些有意义的、有趣的活动，如读书、写作、旅游、运动、听音乐、看电影等，让自己的生活充满色彩和乐趣。

（5）注重身体健康和心理卫生。空心病的影响是身体不适、心理障碍、有自杀倾向等，危害个人的健康和幸福。因此，我们需要注重身体健康和心理卫生，保持良好的生活习惯，如规律作息、合理饮食、适度锻炼等，同时也要注意调节自己的情绪和压力，如进行放松训练、冥想练习等。

（6）寻求专业的心理咨询和治疗。如果自己无法摆脱无价值感的困扰，或者出现严重的抑郁症状或自杀意念等，请及时寻求专业的心理咨询和治疗，不要羞于求助或拒绝帮助。专业的心理医生或咨询师可以为你提供有效的评估、诊断、干预、治疗等服务，帮助你恢复正常的心理状态。

无意义感是现代社会的常见心理问题，让人感到生活无意义和迷茫。但是，只要我们正视内心，树立正确的价值观，培养兴趣爱好，多与亲友沟通交流，就能摆脱它，找回乐趣和意义，让我们的人生幸福且有意义。

第七节　我做即我爱

种下一株草

草在结它的种子

插入一枝花

花在亲它的叶子

写了一首歌

歌，也在爱它的曲子

工作不仅是一种职业，更是一种对生活的热爱和追求。陶行知先生曾在《教育的真谛》一书中提到“以教人者教己”，意思是说你想让孩子成为什么样的人，自己就得努力成为什么样的人。以要求孩子的标准要求自己，给孩子做好榜样。言传身教，才能赢得孩子的尊重和信任；以身作则，才是最有效的示范；坚持自我学习和成长，才是最有力的教育。《中华人民共和国家庭教育促进法》规定父母承担着育儿职责，因此，父母在教育孩子过程中要学习、要成长，确保自己的所作所为科学、专业、正确，从而陪伴孩子健康、快乐地成长！做好自己的工作就是最好的榜样示范，工作不仅仅是谋生的手段，更是实现自我价值的途径。

◎现象探索

我们在追求个人兴趣与承担职业责任之间往往存在一些冲突。许多人为了生存而从事着并不热爱的工作，而另一些人则有幸从事着他们热爱的工作。比如，有的人为了陪伴子女的成长放弃工作；有的人被生活所迫从事的职业并不是自身感兴趣的或者不是能力擅长范围内的；有的人则认为所做的工作是没有意义和价值的。对于这些人来说，对工作保持兴趣、激情并承担责任并非易事。

前几年的热播剧《小欢喜》中，主人公宋倩就是一个放弃了自我成长的妈妈。她一心都扑在女儿身上，尽心尽责地照顾女儿：天不亮就起床给女儿蒸燕窝，一日三餐也是变着花样做。在对英子的学习方面，宋倩的管教可以说做到了无微不至，事无巨细。她给英子的卧室做了隔音，还安装了监控；带英子上各种辅导班，陪英子熬夜学习、写作业……宋倩把人生的全部意义都寄托在了女儿身上，她人生中的一切事，都为女儿让步。而这，换来了什么？换来的是女儿的崩溃和逃离。

其实，这样的父母并不少见。有人说，中国式父母习惯于用自我牺牲来绑架孩子。这话虽然有点绝对，但也不无道理。很多父母都会为孩子牺牲自己，而这种牺牲，成了父母放弃自我成长的借口，也成了父母理直气壮要求孩子成才的筹码。可你要知道，没有一个孩子能够承受父母放弃自我的压力，他们稚嫩的肩膀，扛不起我们那份未完待续的追求和渴望。

努力成长的父母，是孩子最好的榜样。2019 年，华中师范大学音乐学院有一位特殊毕业生，那就是 55 岁的周亚松。3 年前，周亚松通过刻苦地学习考上了研究生，还对女儿喊话："明年我在这里等你。"一年后，女儿也如愿考上了华中师范大学的研究生，成了妈妈的"小师妹"。你看，陪伴孩子成长，并不需要以牺牲自己的人生为代价。我们完全可以有另一种选择，那就是陪着孩子一起成长，让自己变成一盏灯，在照亮自己的同时，也照亮孩子。就像董卿说的那样："你想让孩子成为什么样的人，很简单，你只要让自己先成为那样的人就可以了。"把时间花在自己身上，不仅不会耽误对孩子的教育，反而会把努力奋斗的种子埋在孩子的心中。假以时日，就会开花结果。比起富裕的家庭，孩子更需要的是成长型父母。

那么作为成长型父母，如何在追求个人兴趣和承担职业责任之间找到平衡，以实现工作即我所爱的理想状态呢？

◎理论解读

1. 什么是我做即我爱

这句话表达的是一个人对工作的热爱和执着。当一个人在工作中发现了自己工作的意义，运用自己的能力实现既定目标，不断提升自我能力，实现人生价值，从而对工作就会产生源源不断的动力，那么他就会爱上工作。

2. 职业兴趣和动力

兴趣是人们积极投入并乐于长期从事的活动或领域，是推动个体前进和进步的内在动力。对于工作来说，兴趣亦是至关重要的因素。动力则是实现工作目标的重要推动力量。具体而言，动力可以分为内在动力和外在动力。内在动力是指个体内在的渴望和激情，激励个体自发地去追求目标；外在动力则是来自外部的奖励和认可，例如金钱、名誉、地位等。动力的来源多种多样，可能来自个人的兴趣爱好，也可能来自对未来的渴望和憧憬。总的来说，动力的作用是推动个体不断前行，克服困难，不断学习进步。

3. 职业能力和意义

能力是我们完成工作的基础。具备工作所需的能力者更容易体验到自信和成就感，从而进一步增强工作动力。职业能力主要包括职业品格、职业技能、职业知识。其中职业技能是职业能力的核心，职业知识是运用职业技能的基础，而职业品格是决定职业技能的内在因素。

4. 职业价值感和意义感

职业价值感和意义感是指对自己将要从事职业的价值的自我判断，对可能取得的成就的估计，对社会回报的满意程度，是工作疲劳或是待遇不佳时，支撑人坚持走下去的动力源泉。在岗位价值不变的情况下，每一个人因为对岗位的理解不同，体验到的价值感也会不一样。价值感的高低在大多数时候不是取决于岗位本身的价值，而是自己对岗位价值的认知。当个体觉得自己的才能和人格受到社会重视，在团体中享有一定地位和声誉，并有良好的社会评价时，就会产生积极的情感体验。“价值感”是一个人对“自我价值”的感知，比如：

我有什么？我能做什么？我能创造什么？自我价值包括自信、自尊、自爱三项内容。自信即相信自己有能力实现自己所追求的价值；自尊即自己尊重自己；自爱即自己爱护自己、珍惜自己。自我价值感决定一个人的选择能力，即做决定的能力——做决定的能力决定一个人的行动力——行动力决定一个人的自我效能感，即“我能行，我可以做到”的感觉——每一个行动的结果直接决定人的自我价值感。

◎策略应对

1. 使命描述：换个角度看工作

不妨换个角度，勇于向别人介绍自己的工作。我们把工作描述改写成使命描述，把自己的工作内容重新书写一遍，尽量写得令人向往，当然这并不是说言过其实，而是客观地发现并记录这份工作的潜在意义和快乐。我们看待工作的方式，我们向他人介绍自己工作的方式，可以极大地影响我们在其中的体验。

2. 自我暗示：积极赋能增效能

（1）在日常生活中，可以给自己制订一些短小、有力的积极暗示语。如：

- 工作我爱你！
- 工作就是我生活的一部分。
- 工作是实现自我价值的方式。
- 做好自己该做的事情，就会有回报。
- 工作能让我生活更有意义。
- 工作能带给别人帮助和快乐。
- 我能在工作中不断地学习和成长。

（2）我会尽我所能地去完成每一份工作，去实现它的价值。因为我知道“我做即我爱”是一种生活态度，是一种对工作的热爱和追求。对我来说，工作不仅仅是为了生存，更是为了实现自己的价值和梦想。因此，我会珍惜每一次工作机会，全力以赴地去完成它。

3. 培养兴趣：找寻最好的老师

清华大学心理系彭凯平教授在《心流》这本书中说道，如果你觉得一件事情特别无聊，往往不是因为这件事情无聊，而是因为你的投入不够。如果你有足够的投入，即使是煎鸡蛋这么简单的一件事，你都会觉得特别有意思。鸡蛋在碗上磕破倒进漂亮的碗里，看着它在锅里从无形的液体慢慢凝固成自己想要的形状，颜色煎至两面金黄，飘出的香气让人垂涎欲滴，端上桌看到孩子期待的眼神、欢乐的笑容，瞬间一股暖流涌上心头。因此，当我们足够深入地去做一件事，投入精力去做一件事的时候，我们才能够慢慢地发现那里面的乐趣。

（1）首要条件是找到自己工作的兴趣点。在这个兴趣点下，你会发现工作中除了辛劳、疲惫不堪外还有乐趣。

（2）在工作中应设定目标，获得成就感，乐趣源于成就感。

（3）在工作中应经常帮助工作伙伴，助人为乐，可以增加对工作的兴趣。

（4）在工作中应多学习知识，积累工作经验，可以提高对工作的兴趣。

4. 提升能力：探寻意义和动力

（1）我们需要探寻动力源。动力源自给自己制定的目标、所承担的责任、提升价值感、获得的奖励。首先，我们应设定明确的目标。明确的目标可以帮助我们找到责任和激情的交汇点，并指导我们如何在追求激情的同时承担责任，这是我们前进的方向和动力。明白工作不是简单的谋生手段，而是一种追求，一种实现自我价值的方式。因此，我们为自己设定明确的目标，并为之努力。我们追求更高的成就、更广泛的影响力，以此提升自我价值感。其次，我们也要承担一定的责任和义务，这可以让我们更加专注于工作，并感受到自己的成就感和价值。最后，我们需要给自己一些激励和奖励，例如工作成果的认可、额外的福利等，这样可以增强我们的动力和自信心。

（2）充分体验职业幸福感与价值意义感。当我们能够从工作中获得成就感和满足感时，就能真正感受到工作的意义和价值。当我们的工作与个人价值观相契合，并有成就感和满足感时，我们更容易体验到职业幸福感。价值意义感则来自工作对个人和社会的影响。当我们意识到自己的工作对他人、组织或社会产生了积极的影响时，我们会感受到强烈的价值意义感。提升自我价值，能够提升一个人的安全感，因为自我价值感高的人对自己有信心，对世界有信心。所以自我价值是一个人心理健康的基石。

（3）充分发挥自己的能力，相信能力是实现自我价值的关键。在能力提升方面，我们每个人都具备独特的优势和潜力——学习新的知识，掌握新的技能，注重团队合作，善于沟通协调，能够有效地解决问题。只有具备足够的能力，才能胜任工作，实现工作与生活的平衡，更好地应对工作中的挑战和机遇，同时也能获得更多的机会和资源。

5. 干一行爱一行：在激情与责任之间找到平衡

（1）持续学习：通过不断学习提升自己的技能，我们可以更好地应对工作中的挑战，并保持对工作的热情。

（2）寻求反馈：积极的反馈可以增强我们的动力和信心，帮助我们更好地应对工作中的挑战。同时，建设性的反馈也可以帮助我们了解如何改进自己的工作。

（3）调整心态：保持积极的心态对于在工作中找到平衡至关重要。学会接受挑战，并将其视为成长的机会。

（4）寻求支持：与同事和领导保持良好的沟通，寻求他们的支持和建议，我们就能更好地应对工作中的挑战和压力。

“我的工作，我做即我爱”，找到自己喜欢的工作、培养自己的兴趣和能力、寻找工作的动力、不断提升自己的技能和知识、关注工作的意义和价值，更好地实现自我价值和成长。

第八节　我会即我成

一万小时
在孤寂时光中等待
你的热爱
你倾情一生的热爱
来成就岁月
成就你传世的美名

积极心理学认为，幸福是可以学习的。做幸福的家长，学习幸福的第一步是要理解幸福的真义。喜爱孩子的家长不应是一味消耗自我生命的“人梯”，而应是立己达人、成就自我、享受工作与幸福生活者；不应是“一切为了孩子，为了孩子一切”听任外部环境摆布的被动生存者，而应是主动进取、内驱发展、铸就生命传奇的积极生活者。有目标、追求梦想的父母，致力于成就自己和孩子的父母是身心统一完整的父母。他们深知，在人生的旅途中，工作不仅是谋生的手段，更是塑造自我、实现价值的舞台。每个人都怀揣着对工作的独特理解和追求，希望在职业生涯中找到属于自己的位置。我们可以通过坚守信念、坚持与抗挫，不断提升心理韧性和寻求职业幸福感与价值感，在工作中找到真正的归属，在自己的职业生涯中找到那份属于自己的成就感和满足感，实现“我的工作我会即我成”的理想状态。

◎现象探索

随着社会的发展，职场竞争日趋激烈，许多人在职场中不断追求提升自己的能力，以期在职场中获得更好的发展。然而在职场中，却并非尽如人意，常常会遇到以下一些困惑：某些员工能力出众，却未能取得与其能力相匹配的成就。在某个职业领域中，有的人虽然能力足够，但因没有持之以恒的决心，或预感发展空间有限，以致心生厌倦，出现跳槽、放弃等情况。有的人虽具备完成某项工作的能力，但在实际操作中缺乏持久、深入挖掘问题的能力和面对挫折的韧性，无法取得预期的成果。这种情况下，个体可能会感到挫败甚至失去兴趣，最终选择更换职业路径。

◎理论解读

1. 什么是我会即我成

“我会即我成”这句话可以理解为“我之所以能够成为我，是因为我拥有自己的能力和特质”。这是一个积极向上的理念，它强调了工作对于个人成长和发展的重要性，体现了个人对工作的掌握和成功。在工作中，信念、坚持、心理韧性、职业幸福感以及价值感是推动个人成长和实现目标的关键因素。每个人都有自己的个性和特点，都是独一无二的个体，拥有自己的价值和意义。

“我会即我成”也是父母清晰、明确地知晓自己的优势与不足，是一种自我肯定和自我认同的态度。父母给孩子最好的爱是努力去成长，努力让自己生活得更好，从而带给孩子关于爱和生命成长的最直接感受。父母越是把全身心放在孩子身上，孩子的压力越大。倒不如把重心转向自己，活出自我价值，绽放自己，这或许更能激励孩子。

2. 幸福的概念

在积极心理学中，真正的幸福应该是快乐加上意义，即幸福 = 快乐 + 意义（见图 2-1）。快乐的人会在自己觉得有意义的生活方式里享受它的点点滴滴。这种解释不仅仅限于生命里的某一时刻，而是人生的全过程。即使有时候经历痛苦的感受，但在总体上仍然是幸福的。

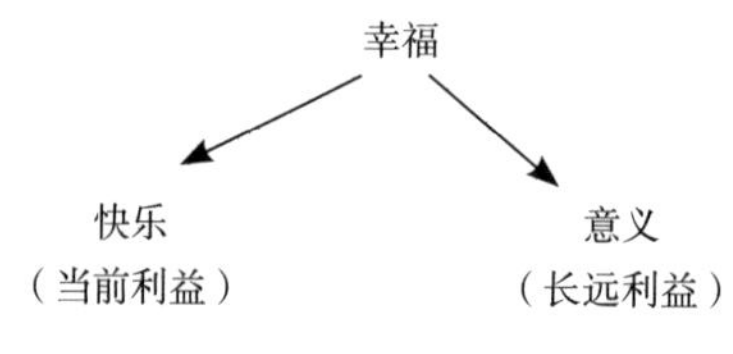

图 2-1　幸福的概念

快乐代表现在的美好时光，属于当前的利益；意义则来自目的，属于未来的利益。快乐是满意生活的先决条件。作为父母，你的快乐是什么呢？不管这种感觉是短暂的还是长久的，什么能给你带来精神和身体的愉悦？快乐是幸福吗？仅有愉悦的生活人就可以满足了吗？那些物质使用障碍患者呢？那些躲在网吧里的孩子们呢？他们的生活是幸福的吗？答案当然是否定的，积极的情绪体验是幸福的必要但非充分条件。

假设这样一个场景：没有人知道你是谁，没有人知道你有没有洋房名车，没有人关注你有多少荣誉。这个时候，你看看你最想做什么呢？那么，这件事情就应该是你真正想做的事情，就是你的使命。这个时候，激励没有减少反而增加了。这个时候，你的创造性会增加，也能发挥得更卓越。

意义才是生命的喜悦，真我的呼唤。不同的人会在不同的事情里找到意义。创业、做义工、抚养子女、行医、教书…… 重要的是，我们选择的目标必须符合自身的价值观以及爱好，而不是为了迎合外界的期望。一个人能在工作中找到意义与快乐，找到一个内在的激励，就会更主动，更努力，自我实现的程度更高，也会有更多幸福感。

3. 心理韧性的概念

心理韧性又被称为复原力、抗挫力、心理弹性，指个体在遭遇重大创伤或应激之后恢复最初状态，在压力的威胁下能够顽强持久、坚忍不拔，以及受到挫折后，成长和新生的能力。清华大学彭凯平教授认为心理韧性是指从逆境、矛盾、失败甚至是积极事件中恢复常态的能力。

4. 父母积极成就自我

孩子虽然经由父母而来，但是不属于父母；父母经由孩子成长，但父母的成长不是为了孩子，而是为了自己！父母的成长和修行是对孩子最好的爱。父母之间爱的流动，是孩子成长最好的土壤。父母爱孩子，就更应该努力地成就自己，爱自己。父母成就自己的过程，就是独立和自主的过程，也是一步步走向成熟的过程。总之，父母成就自己，有独立的能力和自主意识，就能够把孩子托起来，在物质和精神上把孩子承载起来。智慧父母完善自己，成就自己，找寻生活和工作的幸福价值和意义，就是给孩子最真切的表率和榜样，也是对孩子最真的爱。

◎策略应对

1. 热爱工作，积极成就

工作不仅是谋生的手段，更是实现自我价值的途径。如果父母能够热爱工作，积极投入工作，那么他们就能在工作中找到满足感和成就感。这样的父母，会更加自信和乐观，也会更有力量去面对生活的挑战。

（1）目标导向。成长型父母明白，人生有目标，才会有动力去努力。因此，他们会为自己设定目标，并努力去追求。他们会自我激励，目标不是一蹴而就的，需要持续的努力与时间赛跑。他们会鼓励自己，面对困难和挫折，要有坚持不懈的精神。这样的父母，会让孩子明白，只有有了目标，才会有动力去努力，才会有成就感。

（2）价值引领。智慧的成长型父母明白，人生需要有价值观，才能有方向感。因此，他们会教育孩子，什么是好的，什么是坏的，什么是重要的，什么是不重要的。他们会引导孩子，建立正确的价值观，形成良好的人格特质。他们会教育孩子，要有爱心，要有责任感，要有公正感。这样的父母，会让孩子明白，只有有了价值观，才会有方向感，才会有道德感。

（3）寻求意义。智慧的成长型父母会找寻生活的积极意义，具有目标导向，寻求并体验幸福三要素。他们不仅关注孩子的物质需求，更关注孩子的精神需求。他们不仅教育孩子如何生存，更教育孩子如何生活。他们不仅希望孩子有好的生活，更希望孩子有好的人生。他们明白，人生需要有意义，才能有幸福感。因此，他们会教育孩子，热爱生活，珍惜时间，感恩他人。他们会引导孩子，找寻生活的积极意义，享受生活的乐趣。他们会教育孩子，有乐观的心态，有积极的态度，有坚韧的精神。这样的父母，会让孩子明白，只有有了意义，才会有幸福感，才会有满足感。

2. 积极调适，找寻幸福

（1）找寻新使命：挖掘内在力量。马斯洛曾说过，人类最美丽的命运、最美妙的运气，就是做自己喜欢的事情同时获得报酬。积极心理学认为，人们对工作有三种态度：任务、事业、使命感。除了收入和地位以外，人们对于工作的定位，将在很大程度上决定他们对工作及生活的满意度。如果只是把工作当作一种任务或者赚钱的手段，而不是期待在其中有任何的自我实现，那每天上班是因为他们必须去，而不是他们想去。把工作当成事业的人，除了注重财富的积累外，还会关注事业的发展——权力或声望等。他们所关注的是下一个升职机会等。

对于把工作看作使命的人来说，工作本身就是目标。薪水和机会固然重要，但他们工作是因为他们想要做这份工作。他们的力量源于内在，同时也在工作上感到充实；他们的目标，正是自我和谐的目标。他们对工作充满热情，在工作中完成自我实现，工作对于他们来说是一种恩典，而不是负担。

你把你的工作当成什么呢？不妨从表 2–2 的测验中了解一下你的工作满意度。

表 2–2　工作满意度

工作类型	获得激励的方式	工作意象	对工作价值的期望	盼望从工作中得到什么
活计	工资单	事务、必须	无	星期五、假期
职业	金钱和晋升	赛跑	名望与权力	下一个提升
事业	事情本身、自我协调的目标	使命、事业、激情、特权	更好的世界、满足感	更好地工作

（2）优势大发现：寻找隐秘的资源。积极探索自己的代表性优势性格。代表性优势性格是指一个人拥有的、可称颂的并且经常实践的性格优势（见表 2–3）。在对成年人的访谈中发现每个人都会将一些优势视为自己所拥有的，数量一般在 2~5 个。从以下标准中不妨去发现自己的代表性性格优势：

表 2–3　核心美德与性格优势

<table>
<tr><th>核心美德</th><th>性格优势</th><th>核心美德</th><th>性格优势</th></tr>
<tr><td rowspan="6">智慧优势</td><td>创造力</td><td rowspan="3">正义优势</td><td>公平</td></tr>
<tr><td>好奇心</td><td>领导力</td></tr>
<tr><td>热爱学习</td><td>团结合作</td></tr>
<tr><td>思维力</td><td rowspan="4">节制优势</td><td>宽恕 / 怜悯</td></tr>
<tr><td rowspan="2">洞察力</td><td>谦虚 / 谦卑</td></tr>
<tr><td>审慎</td></tr>
<tr><td rowspan="4">勇气优势</td><td>真实性</td><td>自我调适</td></tr>
<tr><td>勇敢</td><td rowspan="6">超越优势</td><td>鉴赏力</td></tr>
<tr><td>恒心</td><td>感激</td></tr>
<tr><td>热忱</td><td>希望</td></tr>
<tr><td rowspan="3">人道优势</td><td>友善</td><td>幽默</td></tr>
<tr><td>爱</td><td rowspan="2">宗教性 / 灵性</td></tr>
<tr><td>社会智力</td></tr>
</table>

A. 对于这种优势有一种拥有感和真实感（这是真正的我）。

B. 表现出这种优势的时候有兴奋感，特别是第一次。

C. 在那些与这种优势有关、需要使用它的情境中，有较快的学习曲线。

D. 持续不断地学习新的方式来展现这种优势。

E. 一种根据这种优势来行动的渴望。

F. 一种不得不使用这种优势的感觉，好像一个人没法去阻止他表现出来一样。

G. 发现这种优势是自己所拥有的品格的展现。

H. 使用这种优势之后不会筋疲力尽，而是感到精力充沛。

I. 创造和追求围绕着这种优势展开的基本项目。

J. 具有这种优势的内部动机。

让我们感到有意义，又能让我们体会到快乐，还能发挥我们优势的工作就是幸福的工作。

3. 使用 MPS 模型，找准定位

积极心理学认为，对工作的认可比工作本身更重要。每个人可以做的工作类型都可以分为三类，将它们放在三个圈里：第一个圈里的是让自己感觉快乐的工作；第二个圈里的是让自己感觉有意义的工作；第三个圈里的是自己感觉有优势的工作。在每个圈里写下属于自己可以做的工作，交集在一起的部分就是更能让自己获得成功的工作领域。每位父母都可以通过 MPS 模型重塑使命感，找寻自己隐秘的法宝（见图 2–2）。它给予我们一个重要提示：人们有权利选择自己的工作。我们对于工作的偏见，或者对其意义的狭隘认识，经常让我们错过生活的真相——那就是，我们随时都有获得更幸福的潜力。我们可以这样问自己，我是否可以改变一些工作上的常规内容，来增加一些意义与快乐？在目前的工作中，有哪些潜在的意义与快乐没被挖掘出来？别人是如何在工作中创造幸福的？你会发现，有的人赋予了工作本身更多的意义，从中发现更多的快乐，从而提升了工作的幸福感。

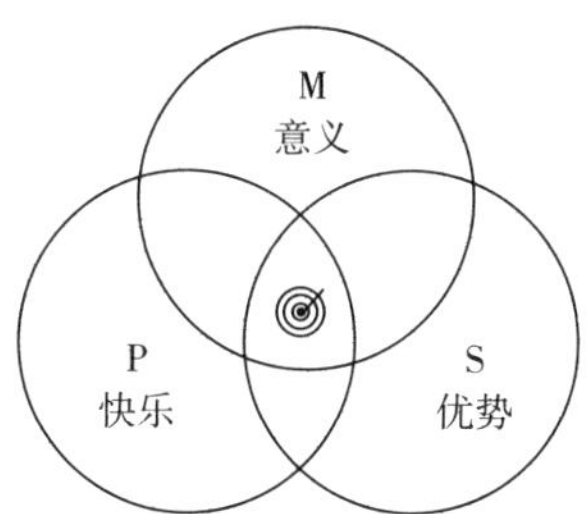

S，指优势，Strengths；P，指快乐，Pleasure；M，指意义，Meaning。

图 2–2　MPS 模型图

资料来源：本 – 沙哈尔 . 幸福的方法 [M]. 汪冰，刘俊杰，倪子君，译 . 北京：中信出版集团，2022.

将这三个圈两两相互交叠起来，你会发现交集中的那些事既能让你快乐，又能给你带来持久的内在激励，也就是充满快乐、有意义又能发挥自己优势的事。锁定这样的事，它就是你可以终身从事的事业，并且能让你感到幸福。这个方法既可以帮助我们找到幸福的工作，也可以帮助我们在其他生活领域做出重要决策。

生活中有两种人：亮点寻找者、挑错者。通过 MPS 模型客观地发现并记录这份工作的潜在意义和快乐。我们看待工作的方式，我们向他人介绍自己工作的方式，可以极大地影响我们在其中的体验。关注什么，什么就会成为现实。我们的注意力在哪里，世界就在哪里。乐观的人更幸福、更长寿、更积极、更有成就。

4. 构建 3I 心态，提升心理韧性

国际心理弹性提升项目（IRRP）中提出了“3I 心态”理论，即我拥有的外部支持因素（I have）、内在优势因素（I am ）和效能因素（I can）。我有（I have）：关注自己所拥有的外部资源和支持。例如，可以写下自己拥有的外部力量和社会支持，如守护我们的医护人员、无条件支持我们的父母、亲人、信任的朋友、长辈等。我是（I am）：探索自己的内在品质，充分挖掘个人优势。可以思考自己是一个怎样的人，如我是一个意志力坚强的人、我是一个有办法的人、我是一个勇敢的人、我是一个善于挑战自我的人等。我能（I can）：思考为解决问题能采取的行动。例如，工作压力大时，可以采取实际行动，如用运动、倾诉、求助等方式缓解紧张、不安的情绪等。

通过绘制“心能量”图，不难发现，每个人都拥有许多的外部资源和支持，也拥有许多难能可贵的品质和解决问题的方法。这些“心能量”会让我们更自信、乐观、坚定，充满斗志。构建 3I 心态，可以增强个人的心理韧性，提升自我价值感和生活满意度，帮助我们更好地应对困境。

首先，培养积极的思维习惯和自我反思能力。通过意识到并挑战消极思维习惯，将挫折和困难视为成长的机会，就能增强心理韧性。这种积极的态度有助于改变我们对挑战的看法，使我们更能够在困境中坚持下去和克服困难。其次，学会有效地应对压力和情绪也是提高心理韧性的关键。冥想、深呼吸和身体锻炼等应对压力的方法可以更好地处理工作、生活中的压力和情绪。这些技巧有助于平复情绪，提高自我控制能力，使我们能够在高压力的情境下保持冷静和集中注意力。此外，积极地自我反思也是提高心理韧性的一种方法。可以定期回顾自己的行为和反应，寻找改进的机会。这种自我反思有助于增强自我意识，更好地理解自己的情感和行为，从而更好地应对未来的挑战。总之，提高心理韧性需要一定的自我调整和训练，但这些努力都是值得的，因为它们可以帮助我们更好地应对职场和生活中的各种挑战，获得个人成长和幸福感。

第三章　亲子沟通

现代诗人海桑在《给我的孩子》中写道：

你不是我的希望，不是的
你是你自己的希望
我那些没能实现的梦想还是我的
与你无关，就让它们与你无关吧
你何妨做一个全新的梦
那梦里，不必有我
我是一件正在老去的事物
却仍不准备献给你我的一生
这是我的固执
然而，我爱你，我的孩子
我爱你，仅此而已

读到这里，你是否思考过你与孩子的关系是怎样的？你和孩子的沟通是否顺畅？你是否想要促进和孩子的良性沟通呢？

亲子沟通是家庭功能的核心构成部分，是我们和孩子为了解决问题或加强情感联系所进行的交流过程。亲子沟通对于孩子的认知发展和社会化具有深远影响。在良好的亲子沟通之下，我们不仅能够及时发现孩子认知特点的变化，还有助于开发孩子的潜力和创造性。同时，在亲子沟通过程中，我们的鼓励和支持能够增强孩子对你的信任，使他们更愿意接受教导，从而在学习上更有动力，更敢于探索未知世界，更有信心和力量与其他同伴建立和谐的人际关系，从而更好地适应社会。

本篇亲子沟通共分为 8 节，分别是倾听有方、沟通有道、叛逆有因、知情达意、赞美有术、优势可明、用好时间、谋好人生，旨在探讨有效促进亲子沟通的方法和技巧，以帮助我们采用积极、温暖的沟通方式，促进孩子的身心健康成长。

第一节　倾听有方

打开心
听空气在低吟
看小草想芬芳
轻拥你
便吟出花海片片
送出情意绵绵

倾听是爱的细语，是理解的前奏，在繁忙的生活中，我们常常急于表达，却忽略了倾听的力量。在亲子关系中，倾听显得尤为重要，它不仅关乎情感的交流，更影响孩子的成长与未来。我们倾听孩子说的话，才能打开孩子的心扉，走进他们的内心世界，感受他们的喜怒哀乐。学会积极倾听，我们不仅可以了解孩子的需求，让他们的表达能力得到锻炼，增强他们的自信心，还能进一步增进亲子关系。

◎现象探索

1.无法忍受的责备

曾经有一条新闻引起了广泛的关注：一个正在上学的孩子，因与同学发生矛盾被请家长，母亲开车带着他回家，但在路上，她并没有耐心听孩子解释，只是一味地责备孩子，认为所有的错误都在孩子身上。孩子在无法忍受母亲的责备后，突然打开车门跑了出去，毫不犹豫地跳下了立交桥。这个悲剧提醒我们，倾听在亲子关系中的重要性。当孩子向父母倾诉他们的喜怒哀乐时，我们需要耐心地倾听孩子的声音，理解他们的感受，而不是一味地责备，这不仅仅是为了回应孩子，更是为了向孩子传递父母对他们的关心和爱护。不仅要倾听孩子的话语，更要倾听话语背后的情感和期待，只有这样，才能真正发掘孩子内心的需求，给予他们正确的引导和支持。

《中小学心理健康教育》刊登的《全国家庭教育状况调查报告（2018）》中的数据显示：有 13.3% 的学生报告“我做错事时，家长总是不听解释就批评我”，15.4% 的学生报告“家长从不认真听我把话讲完，总是打断我”。这种现象并不罕见，孩子是渴望父母倾听自己的。缺乏倾听的沟通模式会让孩子感到孤独、被忽视或不被理解，这不仅会影响孩子与家长之间的关系，还可能对他们的心理健康产生负面影响，因为长期的批评和忽视会导致孩子缺乏自信，产生焦虑和抑郁情绪、自卑心理等，进而影响他们的学习和人际关系。

2. 你们为什么不听我解释

在很多家庭中，可能出现过类似的场景：父母在单方面地训诫孩子，而孩子则面无表情地听着，实在忍受不了就躲进自己的房间，关上门，以此拒绝与父母的进一步交流。或许孩子也曾带着不满和困惑大声质疑：“我都跟你说过很多遍了！”或者“为什么你们从来都不听我解释啊？”然而，很多时候，父母的回应并不是理解和支持，而是责备和强权的声明。例如：“你怎么能这样和爸妈说话？”或者“我是你爸，我说了算！”

请自我评估一下，我们是否做出过以下行为：

（1）当孩子想分享趣事，或是想征询父母的意见时，父母因忙于自己手头的事情不回应或简单回应几句话。

（2）孩子回到家说：“今天认识了个新朋友……”父母就打断道：“你月考成绩今天是不是出来了，拿出来看看。”孩子就没办法继续说下去了。

（3）孩子伤心的时候，家长只说“不要哭，这有什么好哭的，你就不能大度一点”而没有去深入了解孩子内心的感受。

试想一下，如果我们正兴致勃勃地和别人分享一件事，但对方却兴致索然地随口敷衍过去，甚至批评指责我们，下次我们还会想要和他分享吗？孩子也是如此，尤其是青春期的孩子，回想孩子还小的时候，是不是也曾一脸开心地说起学校发生的趣事，但不知从何时起，孩子越来越不爱说了，宁可和朋友倾诉，也不愿和家人分享。

没有良好的倾听，父母可能会错失了解和引导子女的机会。当子女愿意与父母探讨自己的想法和感受时，这正是父母引导他们形成正确价值观、人生观的重要时刻。如果父母没有倾听，就可能错过这样的机会。

◎理论解读

1.积极倾听的概念

积极倾听是指在接纳的基础上，积极地听，认真地听，关注地听，并在倾听时有适当的反应。接纳意味着不带评判，不以自己的价值观去否定孩子的想法。积极和认真要求父母在倾听的时候不分心，不敷衍。关注是指在倾听的过程中，不仅要关注语言，还要关注非语言，例如对方的表情、动作、声音等。适当的反应是指在倾听时带有一些语言或者表情动作来做出回应，表示“我在听，你继续说”。

我们后文会提到非暴力沟通，其核心原理也是倾听。人本主义心理学家卡尔·罗杰斯在他的《论人的成长》中提道，“倾听不仅让你懂得别人，也让你感觉自己触及了世间的真理。当你倾听别人的时候，会感觉到自己的内在成长了，当你被人倾听的时候，又会确信自己成长了、放松了，也更加强壮了”。当人被倾听的时候，内心的孤独感会减少，并拉近彼此之间的距离。在父母和孩子的关系中，很多时候双方想要靠近，但无能为力，此时倾听就是建立深层关系的一把钥匙。

2.无效倾听与积极倾听

倾听并不总是能让听者理解到说者的意思，达到良好的沟通效果，下面是一些无效沟通的类型：

- 假性倾听。它指表面上看起来是在听，但实际上并没有真正理解和关注说话者的感受和需求，主要表现为敷衍和缺乏情感共鸣，例如，当工作了一天以后，用一些简单的话语“嗯”“哦”来敷衍孩子；也指缺乏对孩子的情感共鸣，无法真正理解孩子的感受和需求。有时孩子可能需要的是安慰和理解，而不是说教式的解决方案。假性倾听会让孩子因为这种态度而感到失望，降低分享的欲望。

- 自恋式倾听。它指常将孩子的话题转移到自己身上来。例如当孩子抱怨学习累的时候,父母回应我上班更累,孩子就可能会产生失望和愧疚情绪。
- 选择式倾听。它指只听孩子一句话里自己想听的那一部分，而拒绝其他的部分。例如孩子提出考得好带他出去玩，父母只回答你好好学习再说。
- 隔绝式倾听。和选择式倾听相反，它指父母在听到孩子话语里自己不想听的部分，直接当没听到一样不关注，不回应，拒绝讨论。
- 防御性倾听。它指总是会无意识地认为对方的话语中对自己有恶意攻击，并进行回应甚至反攻击。例如青少年经常认为父母是在找自己的茬，父母则会觉得孩子是在挑战自己的权威，这种情况往往会让双方失去安全感和信任感。
- 埋伏性倾听。它指倾听的时候很认真，但目的只是去抓住对方话语里的问题，借此攻击对方。例如父母一听到孩子提到手机，就批评孩子只想着玩。
- 鲁钝性倾听。它指父母注意不到孩子话语背后的意思，只对孩子话语的字面意思做出反应。

与无效倾听相反，积极倾听是一种有效的倾听方式。罗杰斯认为，积极倾听是一种以人为本的态度的倾听，包括移情理解、无条件积极关注以及和谐。有研究表明，积极倾听是一项可以练习的技能，包括适当提出问题、保持眼神交流、不打断说话者等方式。

3. 倾听的意义

（1）增进亲子关系。倾听是理解和沟通的第一步。被倾听说明孩子被理解和关注，这样，孩子对父母有更多的安全感和信任感。当父母了解孩子的内心世界时，例如兴趣、喜好、担忧和梦想，能够更好地了解孩子的需求，提供支持和指导，拉近亲子距离。

（2）增强自信和自尊。当孩子被倾听和被重视时，他们会感到自己的观点和情感得到了认可和尊重。这种自信和自尊会使他们更加勇敢地表达自己的想法和情感，促进其个性发展。

（3）培养情感认知能力。当孩子能够更好地认识和理解自己的情感时，就能处理好自己的情绪，应对生活中的挑战和压力。

（4）建立良好的人际关系。父母永远是孩子的第一任老师。当父母积极倾听孩子时，孩子也向父母学习到了这一技能，就更好地理解他人的需求和情感，从而建立起更亲密的关系，帮助他们在未来的生活和工作中更好地与他人相处。

◎策略应对

1.积极倾听的原则

（1）尊重孩子，控制情绪。孩子是一个独立的个体，当孩子对某些事物表达出自己的看法或观点时，应该给予积极的反馈和建议，相信孩子是有能力解决问题的。

（2）不预设，不主观判断。先入为主的经验有时候会让我们在孩子没有继续往下说之前就给他定了“罪”。例如，当孩子解释说回来晚是因为老师把他留下来了，如果父母下意识地认为孩子是被惩罚了而批评他，那么孩子可能就没有心情再说，老师留他下来是想让他参加运动会。

（3）换位思考。我们需要保持开放的心态，站在对方的角度来理解他的所见所感。不把自己的期望或价值观强加给孩子，不把自己的需要和意图投射到孩子身上，允许孩子有不同的见解。

2.积极倾听的方法

（1）非言语信息。在听的时候，可以真诚地看着对方，时不时进行眼神交流，不打断，利用表情或一些肢体语言做出反馈。例如，带有赞许地点头，身体微微前倾等。这可以让孩子感到被关注、鼓励和支持，更愿意继续往下说。

（2）万能公式：事实＋感受。当孩子向父母倾诉的时候，把自己面临的事实和感受用语言说出来，他会觉得自己被关注和关爱着。例如，当他说自己和好朋友闹了矛盾，父母可以说“你们关系那么好，你现在心里应该很难受吧。”孩子感受到自己的情绪被理解，就能抒发出不良情绪，往积极的方面思考和行动。再例如，当孩子说“自从有了妹妹，你们就只知道关心妹妹，从来不关心我”时父母需要控制好自己的情绪，理解他内心真实的渴望是得到父母更多的关爱，如果此时对他说“你都这么大了，还不知道让着妹妹，真不懂事儿”，那么孩子只会更伤心，亲子关系更僵化。所以，通过万能公式“事实 + 感受”可以这样回应：“自从有了妹妹以后，你是不是感觉到很失落？”这句话道出了孩子的委屈，家庭氛围也不再剑拔弩张了。

（3）询问想法。当孩子回家抱怨他的朋友不跟他玩时，父母可以询问他的感受和想法，例如可以询问：“你觉得他们为什么不跟你玩？你有什么感觉？”这样可以引导孩子更好地表达自己的情感和需求，想出解决矛盾的办法。当孩子告诉父母他在学校里遇到了困难或考试不及格时，父母如果只是简单地给出解决方案，如“你接下来得好好复习”，也许孩子会觉得父母并没有理解他的困境。父母可以询问：“你觉得是什么原因导致你考试不及格？你希望我怎么帮助你？”

（4）及时确认。如果父母有什么不太清楚的地方，在不生硬打断孩子的时候提出来，向孩子确认。例如，下雨天孩子心情不好，父母可以询问：“你刚刚说心情不好，是因为下雨不能去公园吗？”孩子可能会回答：“不是的，我只是想和你们一起去。”或许接下来一家人就可以做其他的亲子活动了。

理解倾听的重要性，避免无效倾听，掌握积极倾听的技巧，就能成功迈出拉近亲子关系的第一步。有效倾听并不只是关于话语，更是关于情感的理解和尊重。它需要我们耐心地倾听，不带评判地接纳，以及用非言语的方式表达我们的关心和支持。以开放的心态和真挚的关爱，打破代沟，跨越误解，与孩子们建立真正的心灵沟通。我们的每一次对话都将成为孩子成长的助力，每一次倾听都会成为孩子心灵的港湾，促进亲子关系的和谐发展。

第二节　沟通有道

静默中凝视
只看到一脸哀伤
喝一碗水
清清甜甜
一开口
唱出喜人的歌谣

沟通是维系和深化亲子关系的桥梁，是传递情感和价值观的重要途径。有效的亲子沟通可以帮助父母了解孩子的需求与困惑，为孩子提供情感支持和成长指导，帮助孩子形成健康的人格和铸就良好的社会适应能力，增强家庭的凝聚力和幸福感。本节将深入探讨亲子沟通的技巧与实践，为家长提供有益的指导和启示，助力构建更加和谐、亲密的亲子关系。

◎现象探索

《中小学心理健康教育》刊登的《全国家庭教育状况调查报告（2018）》指出，大约有 20% 的家庭在亲子沟通方面存在严重不足，而近 90% 的家庭沟通不畅，存在障碍。有研究显示，青少年若与父母沟通不良，更易产生各种情绪和行为问题。缺乏有效的沟通会导致青少年感到被忽视或不被理解。首先，在这个阶段，孩子们正在探索自我认同和独立性，需要得到父母的关注和支持。如果无法与父母进行良好的沟通，他们可能会感到孤独和焦虑，进而产生自卑和抑郁等情绪问题。其次，沟通不良可能导致青少年在面对困惑和挑战时无法得到有效的指导和支持。父母是孩子重要的社会支持系统之一，如果无法与孩子建立良好的沟通渠道，他们可能会错过帮助孩子解决问题的机会。这可能导致孩子在学业、社交和情感方面遇到困难时感到无助和困惑，进而产生行为问题，如过度沉迷于网络、逃学，甚至违法等。

1. 沟通时间少

根据《中小学心理健康教育》刊登的《全国家庭教育状况调查报告（2018）》中的数据显示，在亲子沟通方面，超过两成学生认为家长表现有待提升。25.1%的学生表示“家长从不或几乎不花时间与我谈心”，22.5%的学生认为“家长从不或几乎不问我学校或班级发生的事情”。

2. 沟通效果弱

影响亲子沟通质量的主要因素在于父母的沟通能力。让我们一起来听听这些话：“你看看人家，你再看看你！”“我们整天这么累是为了谁啊，你怎么这么不懂事？”“要不是因为你，我……”各位亲爱的家长，您在与孩子的交流中，是否曾经说过类似的话？倘若说过，孩子听后的反应是怎样的？这样的沟通，是否达到了您的期望？

父母抚养孩子非常不易，如果孩子还表现出不懂事的一面，父母难免会感到失望，出现这种情绪是很正常的，但对于孩子来说，不恰当的沟通方式是一种语言上的伤害，孩子的反应可能是抵触、反感，甚至可能关闭心扉，不愿再与父母交流。这样的沟通，往往达不到我们的期望，反而可能让孩子与父母更加疏远。

◎理论解读

沟通不仅是语言的交流，更是情感、思想和需求的交汇。在亲子关系中，沟通的质量直接影响到家庭氛围和孩子的成长。

1. 沟通及其意义

沟通是人与人之间传递和反馈思想与情感的过程，沟通的目的主要有三个：传递信息、理解和共享思想、建立关系。

传递信息是沟通的基本目的。父母需要向孩子传递各种信息和知识，包括生活技能、价值观、人生观等。通过有效的沟通，父母可以让孩子了解社会规则、道德标准，以及为人处世的道理。同时，父母也可以及时了解孩子的需求、困惑和问题，并提供必要的帮助和支持。

理解和共享思想是亲子沟通的重要目的。父母需要理解孩子的思想、情感和感受，尊重孩子的个性和意愿。通过开放、诚实的沟通，父母可以与孩子分享自己的经验和见解，引导孩子树立正确的价值观和人生目标。这种理解和共享思想的过程有助于培养孩子的独立思考能力和判断力。

建立关系是亲子沟通的终极目的。父母与孩子之间需要建立起紧密、和谐的关系，以支持孩子的成长和发展。通过有效的沟通，父母可以更好地了解孩子的需求和期望，增强亲子之间的互信和默契。这种紧密的关系可以为孩子提供安全感，帮助孩子更好地应对生活中的挑战和困难。

沟通不仅是简单的信息传递，更是一种深层次的思想和情感的交流。良好的亲子沟通有助于家庭和谐，让家庭成员之间的关系更加融洽，从而提高家庭的整体幸福感。

2.暴力沟通对非暴力沟通

在我们的传统观念中，暴力通常被理解为对身体的伤害，比如打孩子或者用体罚的方式来惩罚孩子。然而，这种理解是片面的。实际上，语言上的暴力有时候比身体上的暴力更具伤害性。语言暴力，通常表现为侮辱、责备、嘲笑或贬低的语言，会深深地伤害孩子的自尊心和自信心。这种伤害可能不会留下明显的痕迹，但它的影响却是深远的。对于孩子来说，他们可能会因为长期受到语言暴力的影响而感到无助、恐惧或者愤怒，甚至人格发展出现扭曲。例如，当家长经常用严厉的语言责备孩子，或者拿孩子与其他人比较，说“你真让我失望”或者“你真是个废物”等话语时，孩子可能会开始怀疑自己的价值，认为自己真的如家长所说的那样无能。这种自我认知的扭曲可能会对孩子的成长产生长期的不良影响。常见的暴力沟通可以分为四类：

- 道德评判：以自己的道德标准去评判孩子，一旦孩子不符合自己的要求，就开始批评，例如一看到孩子看手机，就指责孩子“不务正业”。

- 作比较：把孩子与他人进行比较，伤害孩子的自尊心，增加孩子的压力。
- 回避责任：淡化自己的责任，例如“都是因为你，我才……”
- 强人所难：强行让孩子接受自己的想法，认为一切都是为了孩子好。

了解暴力沟通是为了对生活多一份觉察。只有保持警觉，我们才能在沟通中避免使用暴力，从而实现良好的沟通。美国心理学家马歇尔·卢森堡提出非暴力沟通包括四个核心要素：观察、感受、需要和建议。

第一，实事求是地观察。它要求我们以客观、细致的眼光审视周围发生的一切，并将所见所闻如实传达。这种观察应当摈弃主观评价，坚持以事实为依据。例如，“你经常做作业玩手机”是带有主观判断的，而“我看到你已经玩了一个小时手机了”是描述观察到的事实。第二，真诚地表达感受。我们应当真诚地吐露内心的情感，而非让对方猜测。第三，明确阐述自身需要。这有助于让孩子了解我们的期望和诉求。第四，提出具体而明确的建议。我们应当让孩子清楚地知道我们期望他如何做或者怎样改变，从而推动双方朝着共同的目标努力，既尊重了孩子，也提升了沟通的效率和效果。例如，一位母亲对初二的儿子说：看到窗台上放着的脏袜子和床上放着的脏衣服（观察），我很不开心（感受），因为我很注重家的整洁（需要），你可以把袜子和衣服洗了吗（请求）？

在教育孩子的过程中，我们应该尽量避免使用任何形式的暴力，包括语言暴力，而应该以积极、鼓励和支持的方式来引导孩子成长。只有这样，我们才能真正为孩子创造一个健康、和谐、充满爱的成长环境。

3. 冰山理论

美国第一代家庭治疗师萨提亚认为，每个人都像一座巨大的冰山，能被别人看到的只是表面的很小一部分，而更大一部分的内在世界却隐藏在更深处，就像冰山一样不被人看见。这座冰山包括七个层次：行为、应对方式、感受、观点、期待、渴望和自我，其中，只有行为是能够被观察到的，如果不把内心的感受、期待等表达出来，就可能会引发一些误会。因此，在亲子沟通中，家长需要积极地倾听和表达，深入了解孩子的内心世界，让孩子有表达自己内心想法的欲望。

4. 沟通不良的原因

（1）情绪化：青少年正处于大脑发育的关键期，相较于成年人，他们的情绪管理能力尚未完全成熟。因此，在沟通时，他们可能会出现情绪化的反应，导致沟通无法进行下去。

（2）认知偏差：在传统观念的影响下，父母可能认为孩子应当无条件顺从自己的意愿，而忽视孩子的独立性和自主性。这种认知偏差导致父母在和孩子沟通时难以保持平等和尊重的态度，使孩子感到被压迫且不被理解。

（3）缺乏沟通技巧：父母可能缺乏有效的倾听、表达、解决问题的技巧。例如，父母可能经常打断孩子的发言，不给孩子充分表达的机会，或者用自己的主观判断来代替孩子的感受和需求。这些行为都会阻碍亲子之间的有效沟通。

5. 沟通的原则

（1）保持开放尊重。开放意味着父母愿意不带偏见地将孩子视作一个有独立思想的人，去倾听孩子的想法、感受和需求，并尊重孩子的个性和意愿，当父母尊重孩子的意见和想法时，孩子会更有自信和勇气表达自己的观点。

（2）重视心理需求。在孩子的成长过程中，父母往往更多地关注他们的身体健康和学业成绩，认为只要确保孩子吃饱穿暖、学习优秀，就尽到了责任。实际上，心理需求与物质需求同样重要，孩子渴望被肯定、被接纳、被关注，以及与同龄人建立友谊。这些心理需求同样是孩子健康成长不可或缺的部分，因此，在沟通时，父母应该多关注孩子的心理需求。

（3）非言语沟通。沟通分为非言语沟通和言语沟通。非语言沟通是指通过身体语言、面部表情、眼神交流、手势和姿势等方式实现信息的传递。语言沟通是指通过语言符号实现的沟通，包括口头沟通、书面沟通和电子沟通。沟通有一个“55387 原则”，它是指决定沟通效果的 55% 是视觉，也就是沟通的态度、表情等；38% 是听觉，例如沟通的语气；7% 是说话的内容。有时虽然父母说话的内容没有什么问题，但说话的方式不正确，也会让沟通效果大打折扣。那么，有哪些方法可以帮助我们更好地跟孩子沟通呢？

◎ **策略应对**

沟通的组成部分：积极倾听＋合理表达，我们在前一节已经探讨过有关积极倾听的内容。合理表达包含四个步骤：

描述看到的事实＋表达自己的感受＋关心接纳对方的感受＋表达期望建议

1. 如何描述看到的事实

当我们观察到一些情况时，应该尽可能地避免加入自己的主观判断或评论，直接描述我们看到的事实。例如，可以说："我注意到，你上次和这次的英语考试成绩都没有达到及格线。"或者"我观察到，你已经玩了一个小时的手机了。"这样的描述方式避免了主观臆断和误解，避免激发孩子的逆反情绪。

2. 如何表达自己的感受

不带评价的观察并不意味着我们不能表达自己的感受，我们可以说："看到你最近英语成绩有所下滑，我感到有些担心。"或者"看到你花了很多时间在手机上，我感到很焦虑，因为我怕这会影响到你的学习。"当在表达自己的感受时，实际上是把"冰山"之下的信息传达给对方，我们的目的是让孩子更好地理解我们的感受和需求，而不是引起冲突或争吵，这一点孩子也能够感受到。

3. 如何关心接纳对方的感受

在表达自己的感受后，我们可以继续关心和接纳对方的感受，努力理解孩子的情感和立场，给予他们充分的支持和关爱。无论这种感受是积极的还是消极的，我们都应该以开放的心态去接纳，并表达出我们的关心和理解。例如，我们可以说："我注意到你最近情绪有些低落，是不是有什么事情让你感到不舒服？如果你愿意分享，我愿意倾听。"或者"看到你最近学习压力很大，我知道这很不容易。如果你需要帮助或建议，请随时告诉我。"通过关心和接纳对方的感受，我们可以建立更加紧密的情感联系，增强彼此之间的信任和理解。

4. 如何表达期望建议

表达我们的期望和建议，就是向孩子明确提出我们希望他们做出的改变，同时提供具体的建议和指导。例如，我们可以说："希望你能在下一次英语考试中取得更好的成绩。我建议你每天抽出一些时间复习英语。”或者“我希望你能更好地平衡自己玩手机的时间，可以设定一个每天使用手机的时间限制，同时多参加户外运动，丰富自己的生活。”在表达期望和建议时，我们需要注意语气和方式，以避免让孩子感到被指责或被强迫。我们应该用一种鼓励和支持的语气，强调我们的关心和信任，让孩子感受到我们的期望是出于对他们的爱和关心。同时，我们也需要给孩子一定的自由空间，尊重他们的选择和决定。我们的期望和建议只是提供一个方向和思路，最终还是应该由孩子自己做出决定并付诸行动。

以一个例子来感受合理表达的步骤：

- 观察：“我注意到，你最近作业完成得不太好，成绩也有所下滑。”
- 感受：“我对此感到有些担心，我知道你是一个有潜力的孩子，不想看到你这样停滞不前。”
- 需要：“我希望你能认真对待学习，明确自己的目标，并为之努力。”
- 期望建议：“你能不能制订一个详细的学习计划，并每天按时完成作业？我们可以一起讨论如何提高学习效率。”

沟通是双向的，在合理表达的同时，积极倾听孩子的反馈，才能做到真正的有效沟通，这不仅是语言的交流，更是心灵的交融，它承载着父母对孩子无尽的爱与期望，促进亲子之间的信任和亲密关系，帮助孩子健康成长。

第三节　叛逆有因

远去的不是你的背影
留下的也不是
你守候的，不是我
是你的过往
与你习惯的远方

在家庭中，孩子叛逆一直是一个备受关注的话题。当孩子出现抵触、反抗和挑战权威的行为时，父母往往感到头疼和不知所措。然而，当我们深入探索叛逆的背后，会发现它并非总是无理取闹或故意挑衅。相反，叛逆往往隐藏着孩子内心的挣扎和更深层次的需求。

◎现象探索

“叛逆”是一个让家长感到头疼的话题，当孩子出现一些行为时，可能会被家长贴上“叛逆的标签”。例如：

- 一回到家就把自己关在房间里，不允许父母打扰；
- 反感家人动自己的东西；
- 喜怒无常，经常发脾气；
- 厌学、早恋；
- 手机不离手，忙着回复信息；
- 经常发呆走神，和他们讲话没有回应；
- 书包和房间里藏着小说、漫画书；
- 在网络上写或者说一些让父母惊讶的话；

- 不喜欢参加家庭的聚会，参加了也不说话或一直盯着手机；
- 情绪不稳定，说话间突然就激动或大喊大叫；
- 偷偷吸烟、喝酒；

……

这些现象相信是每一位家长都不想看到的，但是当孩子出现这些行为的时候，不一定意味着他们就是“有问题”或者“坏孩子”。叛逆是一种普遍存在的现象。孩子生理和心理都在经历巨大的变化，加上外界的约束和规范，他们可能会感到压力和不安，或是正在经历某些事件，才表现出一些叛逆的行为。

与青少年接触最多的是父母，他们是对青少年心理健康及行为规范发展影响的最重要因素。美国心理学家斯坦伯格认为，如果青少年在青春期能够与父母保持积极密切的亲子关系，他们将有机会摆脱儿童时期受到的父母的负面影响，从而建立起积极健康的自我概念。因此，父母应该正确看待孩子的叛逆行为，了解背后的原因和孩子的需求，和孩子一起度过这个关键时期。

◎理论解读

叛逆不仅是对规则的反抗，也可能是孩子在探索自我、寻找独立过程中的一种外在表现。那么，我们该如何理解和应对孩子的叛逆呢？

1. 叛逆的概念

叛逆是青少年成长过程中的一种心理状态和年龄特点，表现为孩子用相反的态度和行为回应父母引导。进入青春期后，他们的生理和心理都经历着频繁、复杂、剧烈的变化。随着自我意识和独立意识的增强，他们开始渴望摆脱外界的约束和规范，产生逆反心理，表现出叛逆的情绪和行为。

叛逆通常有三种不同类型的表现：

- 暴躁型，这种类型的孩子可能会对父母和老师提出的要求产生强烈的反抗心理。在与家人的交往中，这样的情况往往表现为频繁的争吵或发脾气，甚至与父母陷入冷战。
- 沉默型，倾向于避免与大人进行沟通，他们对外界的事物漠不关心，对于父母和老师的言语，他们通常不会给予明显的回应。

- 阳奉阴违型，虽然当着大人的面表示赞同他们的要求和观点，但在实际行动上却有相反的做法，他们可能会表面答应父母的要求，但私底下仍然坚持自己的行为方式。

2. 叛逆期的几个重要阶段

孩子一共会经历三个叛逆期。第一个叛逆期出现在2~3岁，被称为“宝宝叛逆期”。在这个阶段，孩子会有很强的秩序感，认为“我的就是我的”，并且频繁地将“不要”“不行”挂在嘴边。由于他们年纪尚小，即使父母耐心地讲道理，他们也未必会听取。

第二个叛逆期出现在7~9岁，被称为“儿童叛逆期”。这个阶段孩子容易出现懒惰的习惯，总是想摆脱父母的管束，而且越是受到催促，行动反而会变得越慢，讨厌被当作小孩子对待，自尊心非常强，无法接受别人的批评，即使做错了事，他也会找各种借口来为自己辩护。

第三个叛逆期出现在12~16岁，被称为“青春叛逆期”。通常提到的叛逆就是指这个时期。在这个阶段，同伴关系在孩子的生活中逐渐占据重要地位，他们会紧跟身边朋友的潮流，对手机和计算机的依赖越来越强，更加看重个人隐私，渴望拥有更多独处的时间和空间，并且开始关注自己的外在形象。

青春期是孩子心理和性格变化的重要阶段，他们在此期间非常敏感，易与父母产生矛盾甚至冲突。如果不及时调整，这种矛盾和冲突可能对青少年的心理成长、家庭氛围以及自身发展造成不良影响，形成恶性循环。

3. 叛逆出现的原因

心理学家埃里克森将人的心理成长过程划分为八个阶段，每个阶段都有其特定的发展目标。在青春期这一关键阶段，个体面临的最核心发展任务是建立自我同一性。在这个时期，他们逐渐从孩童走向成年，独立意识和自我意识日益凸显。他们渴望摆脱成人的过度保护和监护，寻求更多的自主权和自由。他们不再愿意被视为“小孩子”，而是希望被当作大人，被平等对待。为了展现自己的独特个性和独立思考能力，青少年往往对周围的事物持有批判性的态度。

他们渴望通过这种方式来证明自己的成长和成熟，表达自己的独立意志和自我价值。

（1）生理原因。青少年正处于生长发育的关键期，激素使大脑中掌管情绪的地方（杏仁核）特别活跃，但大脑中控制理智的额叶一般要到20~25岁才成熟，青少年更容易出现易怒、冲动、焦虑、抑郁等情绪问题，这些情绪问题可能导致叛逆行为。

（2）心理原因。青少年正在探索自我认同和独立性，他们试图找到自己的定位和价值观，这可能导致其与父母和社会的冲突。他们也可能会因为对自由和权利的渴望而表现出叛逆行为。

（3）家庭原因。

- 缺乏情感交流：如果父母不能经常陪伴孩子，孩子在情感上会感到孤独，会因为缺乏关爱和支持而感到焦虑、不安和失落，可能会以逆反的态度表达对父母的不满。
- 行为模仿：班杜拉的模仿学习理论认为学习即模仿，父母是孩子最依赖的对象，孩子会模仿成年人的沟通模式、行为，包括攻击性行为，当孩子受到的刺激过多，就会引起逆反情绪，出现攻击语言和行为。
- 过分迁就孩子：家长可能会无条件地满足孩子的各种要求，无原则地迁就孩子。这种做法可能导致孩子变得任性、玻璃心。当孩子的需求不能被满足，或受到挫折时，他可能会用叛逆的行为来表达自己的不满。

（4）社会原因。随着社会的发展，青少年会接触到海量的信息，其中不乏不良的文化、价值观和行为模式，这些都会对孩子的思想和行为产生负面影响，例如，电影、游戏、网络等媒体中的叛逆形象可能会误导孩子，让他们认为叛逆是酷、有个性的表现；为了融入同龄人的圈子，孩子可能会模仿同伴的叛逆行为，以此作为自我认同的一种方式；学生有很大一部分时间都待在学校，如果学校环境过于压抑、教师的管理方式存在问题，或孩子在学校受到欺凌、歧视等问题，也可能通过叛逆行为来表达不满。

4.叛逆的双面性

从家庭的角度来看，叛逆往往被看作一种负面行为，然而，当我们从社会化的角度来审视叛逆时，它实际上是青少年在成长过程中对独立性的追求，是一种表达自我、争取自主权的方式。有研究表明，很多顺从父母想法的孩子会缺乏自信。叛逆是他们正常发展的一个标志，是人类成长和进步的重要推动力。在这个过程中，青少年逐渐学会独立思考，形成自己的价值观和人生观，从而更好地适应社会。因此，我们不能简单地将叛逆行为视为负面的情绪反应和行为表现，父母应该给予孩子足够的支持和引导，帮助他们顺利度过这个重要的成长阶段。叛逆是有原因的，并且是多面的，那么面对孩子的叛逆行为，父母应该如何去想、去做呢？

◎策略应对

1.不惩罚、多理解

叛逆是青少年成长过程中的常见现象，是孩子独立意识和自我意识增强的表现。家长应该理解孩子的叛逆行为，不要过度反应或惩罚孩子，而是应该尝试多与孩子沟通，了解他们的需求和情绪，给予他们关爱和支持。家长也应该尊重孩子的个性和权利，不要过度干涉或控制孩子的行为。在教育孩子的过程中，家长应该给予孩子适当的自由和空间，让他们能够自由地表达自己的想法和情感，培养他们的独立性和自主性。

2.站在孩子的角度思考问题

当孩子做出家长认为叛逆的行为时，尝试站在孩子的角度思考为什么会这样，积极倾听孩子自己的想法，不要急着打断和做出评价，在了解事情的全貌后，再表达自己的看法才更有意义，否则，很容易断章取义。在想要责备孩子的时候，父母们可以回想一下，自己也是从青春期的叛逆阶段一路成长起来的。因此，不妨多给孩子一些耐心，多给他们一些时间去适应和过渡，多给他们一些自由。在这个阶段，孩子们需要的是理解和支持，而不是责备和压力。

3. 10秒控制情绪

父母是孩子最好的老师，在日常生活中，父母的行为和态度会直接影响孩子的价值观和行为模式。过度的责备或是大喊大叫，都会对孩子的心理健康产生负面影响，这样的教育方式可能导致孩子出现攻击性行为，无论是人身攻击还是语言攻击,同时也可能让孩子在社会交往中出现退缩,缺乏积极的行为表现。

在和孩子产生冲突时，父母往往比较激动，这是一种强烈的、爆发性且短暂的情绪状态。在这种状态下，父母往往会出现“意识狭窄”现象，从而做出一些过激的行为。因此，父母应该注重自己的言行举止，做到情绪稳定、耐心沟通等，给孩子积极的影响。在情绪激动之时，尝试深呼吸，并在想说的话或想做的事情上暂停10秒。这短暂的10秒足以让一个人从激情状态中冷静下来，平复自己的情绪，通过这样的自我调节，父母能够更理智地应对孩子的行为，并采取适当的措施来解决问题。

4. 允许犯错

在面对孩子的叛逆行为时，家长首先要做的是积极倾听。认真倾听孩子的想法和感受，让他们感受到被理解和被尊重，允许孩子表达自己的观点和意见，甚至允许孩子“冒犯”自己。这里的冒犯并不是真的允许孩子顶撞、不尊重父母，而是允许他们表达自己不同的观点。时代在不断发展，父母和孩子从小生活的环境有很大的差别，有一些观念上的冲突很常见，但一味地不让孩子表达，只会损伤孩子的自尊心和自信心，长此以往就会产生不良后果，引起“触底反弹”，最后可能导致孩子更加逆反。允许孩子不赞同父母的“权威”观点，表达自己的看法有益于亲子沟通，可以让孩子感受到自由和被尊重，同时也可以培养他们的独立思考和表达能力。在孩子表达冒犯性言论时，家长应保持冷静和理性，不要过度反应或惩罚孩子，而是应该引导他们正确看待问题，培养他们的批判性思维。

父母应该给予孩子适当的自由和空间，让他们能够表达自己的想法和情感，探索自己的兴趣爱好，并且允许孩子犯错。通过犯错，孩子可以更好地认识自己和世界，培养他们的自我纠正和自我成长的能力。在孩子犯错时，家长应避免过度责备或惩罚孩子，而应引导他们分析错误的原因和后果，帮助他们找到解决问题的方法，还应引导孩子继续探索，堵不如疏，对于叛逆期的孩子来说尤其如此。

叛逆在青少年中是十分常见的现象。当孩子出现逆反心理时，父母应当客观、理性地对待，了解、理解孩子的生活和心理变化，真正关心他们的需求和感受。同时，父母应积极与孩子进行沟通和交流，建立亲密的亲子关系，以理解和支持来化解孩子的逆反情绪，帮助孩子顺利度过叛逆期，促进他们的健康成长。

第四节　知情达意

建一个温柔港湾
播撒情意
看你的眉梢发笑
听你的风撒娇
怀抱着月光
和心底的骄傲

家，是充满温暖与爱的地方，但有时也会因为孩子的问题行为而变得紧张和让人困扰。我们常常只看到表面的行为，却忽略了孩子内心深处的需求和情感。每个孩子都有一个独特的灵魂，他们用行为来表达自己的内心世界，诉说着自己的故事。

◎现象探索

在日常生活中，你是否曾经因为孩子过度沉迷手机、厌学、抗拒做作业，以及缺乏礼貌等问题感到困扰呢？甚至曾试图解决这些问题，却发现问题不但没有解决，反而变得更加棘手。

林先生最近很苦恼，因为他的儿子小林刚上初二，为了方便联系，他给儿子买了一部手机。但这部手机成了父子俩之间无数次矛盾的导火索。老师经常打电话来反映小林偷偷带手机去上课，而且回家后小林总是玩手机游戏。父子俩经常因为这个争吵，甚至没收过手机，但结果往往是引发更激烈的争吵。后来在一次聊天中，小林说自己并不是真的有多喜欢玩游戏。周围的同学都在玩，他希望加入同学们的游戏队伍，这样才能跟他们有更多共同话题。知道原因后，林先生不再简单粗暴地没收小林的手机。父子俩经过商量，约定好每天玩手机的时间。现在，父子俩的关系变得更加和谐了。林先生明白了，与孩子的沟通需要更多的理解和耐心，而不是简单粗暴地禁止。他也意识到，作为父母，需要更多地了解孩子的内在需求，才能更好地引导他们健康成长。

面对这些生活中经常出现的“问题”，我们发现一个重要的教育规律：问题本身不是问题，问题背后的需求才是问题。孩子出现的问题行为，往往与他们的需求未得到满足有关。如果只关注孩子的行为，而忽视其背后的原因，将无法全面了解情况。仅仅关注孩子的行为，就像只看到漂浮在海面上的冰山一角，误以为那就是冰山的全部，只有当父母深入了解其背后的感受、想法和需求时，他们才能真正理解孩子的行为，并有效地与孩子进行沟通。

◎理论解读

“问题”行为的背后往往隐藏着原因，这些原因可能包括心理、生理、社会和环境等多个方面，了解这些原因可以帮助我们更好地理解孩子的行为。

1. 沉迷网络——渴望成就和陪伴

孩子总是手机不离身，沉迷网络是当前许多家长面临的一大难题。为何网络世界对孩子有如此大的吸引力呢？

（1）获得成就感。许多孩子会在网络游戏中寻找成就感。在现实生活中，许多孩子可能因为学习成绩、外貌、家庭背景等因素而感到自卑和失落。但在网络世界中，这些标准变得不再那么重要，他们可以通过游戏中的成就、等级、装备等获得认同感和成就感，这种成就感是他们在现实生活中难以获得的。对有些孩子来说，在现实世界中交友是件不容易的事，但网络世界中交友变得更加容易，孩子们更容易获得友谊。

（2）获得陪伴。一些孩子可能因为缺乏陪伴和关注而选择网络世界。在现代社会，很多父母忙于工作或其他事务，无暇给予孩子足够多的陪伴和关注。孩子在情感上得不到满足，便会寻找其他途径来填补这份空虚。网络成了一个相对容易的“避难所”，因为在那里，他们可以随时找到陪伴和关注，甚至能找到一种归属感。

因此，如果只是单纯地阻止孩子不上网、不玩手机，其实是治标不治本，甚至会损害亲子关系。我们需要做的是了解孩子真正的需求到底是什么。是想要获得更多的关注、陪伴，还是想要获得友谊？与孩子共同思考如果不玩游戏和不使用社交软件，可以用哪些更好的方式去代替。

2. 不爱学习——动力或能力不足

孩子对学习总是提不起劲，不爱学习也是一个普遍困扰我们的问题。首先，我们要明白，学习动机是孩子愿意学习的内在驱动力。它来自孩子对知识的渴望、对未来的规划和自我价值的追求。如果孩子缺乏这种内在动机，他们就很难主动地去学习。其次，当孩子遇到学习上的困难时，如果他们没有得到及时和有效的帮助，这些困难就会变成障碍，阻碍他们的学习进程。如果孩子反复遇到这样的障碍，他们可能会对学习失去信心，甚至产生厌学情绪。

因此，我们要帮助孩子建立正确的学习目标，制订合理的学习计划，并让他们理解学习的重要性和价值。同时，我们也要鼓励孩子关注自己的兴趣和特长，用个性化的学习方式来激发他们的学习动力。

3. 不爱沟通——缺乏被倾听的经历

随着孩子逐渐长大，很多父母会发现，孩子逐渐变得沉默寡言，不愿意分享自己的内心世界。其实，孩子之所以不愿意与父母沟通，很大程度上是因为父母没有给予他们足够多的倾听和理解。在日常生活中，父母可能因为工作忙碌和生活琐事而忽略了孩子的感受。当孩子与父母交流时，如果频繁被打断或者干脆被忽略，就会逐渐失去与父母沟通的意愿。

父母需要认真倾听孩子的声音，尊重他们的观点，即使与父母的看法不同。当孩子表达自己的想法时，父母不要急于反驳或者给出建议，而是应先试着理解孩子的感受和想法。父母也可以与孩子共同参与活动来增进彼此之间的感情，比如一起做家务、看电影、玩游戏等，这样的活动可以让孩子感受到父母的关爱和陪伴，从而更愿意与父母交流。

4. 撒谎——获得安全和自尊

每个人都会撒谎，孩子撒谎不代表他就是“坏孩子”。甚至有儿童心理学家指出，说谎表明孩子具备出色的心智解读能力，富有想象力、创造力和逻辑能力。

（1）安全感。当孩子害怕受到惩罚或者担心被责备时，为了保护自己，他可能会下意识地撒谎。这种撒谎的行为往往源于孩子内心深处的恐惧和不安。他们可能不理解成人世界的复杂规则，或者觉得自己的能力不足以应对某些情况。作为父母，需要意识到孩子撒谎的行为并不一定是他们的本质问题，而是他们在成长过程中遇到困扰和挑战的一种反应。在日常生活中，尽量避免去惩罚孩子，建立一种信任和安全的环境，让孩子知道可以信任自己的父母，他们的感受和想法是被接纳和理解的。这样，孩子就会更有勇气地面对自己的错误和不足，而不是用谎言来掩饰。

（2）自尊心。当孩子希望得到他人的认可和尊重，内心深处渴望被关注和赞扬时，他们可能会通过撒谎来展现自己的能力和价值。作为父母，我们需要关注孩子的这种心理需求，给予他们适当的肯定和鼓励，让他们在真实的基础上建立自信心。同时告诉孩子正确看待他人的评价，他人的有益评价是一个人成长的动力之一，他人的有害评价会损害一个人做人的原则和价值观，不要轻易地为了得到他人的认可而撒谎。

5. 马斯洛的需求层次理论

心理学家马斯洛提出需求层次理论：人类需求有五个层次，这些层次按顺序排列，从基本的生理需求到最高级的自我实现需求。

（1）生理需求：这是人类最基本的需求，包括对食物、水、睡眠、呼吸等的需求。

（2）安全需求：在满足生理需求之后，人们会追求安全感，包括对稳定、秩序、免除恐惧和焦虑的需求，以及对家庭、环境和社会的安全感的需求。

（3）归属需求：在生理和安全需求得到满足之后，人们会追求归属感，即与他人建立亲密关系和友谊。

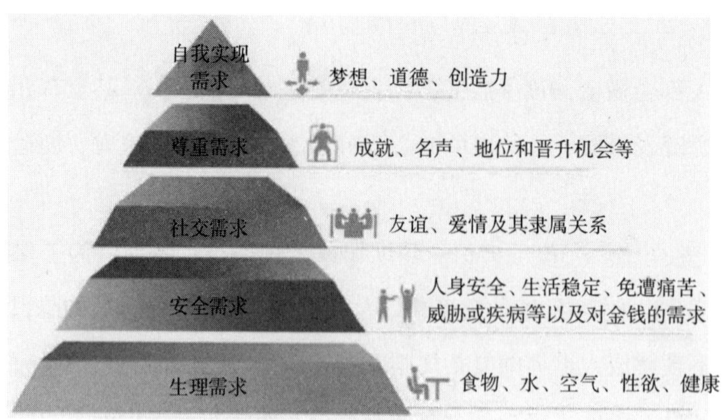

图 3-1　需求层次理论图

资源来源：马斯洛 . 动机与人格 [M]. 许金声，等译 . 北京：中国人民大学出版社，2013.

（4）尊重需求：在满足归属需求之后，人们会追求自尊和他人的尊重。自尊需求的满足可以使人感到自信和有尊严；而自尊需求的满足可以使人感到被重视和有地位。

（5）自我实现需求：这是最高层次的需求，表现为个人追求自身潜能的充分发挥，实现个人理想和抱负。自我实现需求的满足可以使人感到满足和有成就感。

◎策略应对

看见孩子背后的心理需求，是每一位父母的必修课。孩子的一言一行，背后都隐藏着他们的心理需求和情感诉求。

1. 先解决情绪，再解决问题

在情绪激动或应激状态下，受到情绪的干扰，我们会做出不理智的行为或错误的判断。例如，与孩子发生激烈争吵，尤其是孩子开始大喊大叫时，如果不首先平复自己和孩子的情绪，沟通很可能会陷入僵局，甚至进一步激化矛盾。因此，解决情绪是解决问题的重要前提。以下是一些具体的技巧和方法：

- 离开应激源：如果情况允许，离开引发情绪的地点或人可以帮助个体平复情绪。例如，先离开孩子的房间，等到双方停止相互攻击，情绪平稳的时候再继续沟通。

- 暂停技巧：找到一个可以独处的地方，如果没有这样的条件，那就原地站立或坐下。暂停手中的事情，放下手中的物品，让身体得到休息。让身体安静下来，放松下来。让自己从紧张的情绪中解脱出来。
- 深呼吸：深呼吸是一种有效地放松和缓解紧张的方法。通过深呼吸，可以减慢心跳，降低血压，从而减少身体的应激反应。
- 积极的思维：等到自己和孩子都冷静下来之后，再用积极的思维来重新审视问题。这并不是要忽视问题的严重性，而是从中找到积极的一面，更好地解决问题。

2. 满足孩子的需求

（1）让孩子参与进来。很多家长都有过这样的体验，自己下班回到家，忙着做饭或者做家务，孩子却兴奋地围着你转，嘴里不停地叫着“妈妈”“爸爸”，这时，你可能会觉得有些心烦，甚至觉得孩子有点添乱。但实际上，这是孩子内心深处渴望得到关注的一种表现。随着孩子逐渐长大，这样的行为会逐渐减少，甚至消失，但他们渴望被关注的内心需求其实是始终存在的。

其实，我们可以在日常生活中创造更多的机会让孩子参与进来。比如，做饭的时候，孩子可以帮忙择菜、洗菜；吃饭前，孩子可以帮忙盛饭、端菜；吃完饭，和孩子一起收拾碗筷、打扫卫生，让他们感受做家务的乐趣。在家庭会议或者商量重要事务时，也可以让孩子旁听，让他们了解家庭状况和决策过程。通过这些方式，我们可以更好地满足孩子对被关注和参与的需求，同时也能培养他们的责任感和自信心。让我们在忙碌的生活中，不忘关注孩子的内心世界，与他们共同成长，共度美好时光。

（2）尊重和夸奖孩子。孩子同样需要得到尊重，这是他们成长过程中不可或缺的一部分。父母在日常生活中应该以平等和尊重的态度对待孩子，而不是以居高临下的姿态。在做有关孩子的决定或计划时，应该主动询问孩子的意见，倾听他们的想法和感受，关注他们的意见和需求，并从孩子的角度思考问题。

“好孩子是夸出来的”。适当地忽略孩子的问题行为，从孩子的优点着手，去强化他们的长处，渐渐地就可以弱化他们的问题。无论孩子的学习成绩如何，无论他们是否自信，父母都应该时刻激励和鼓励他们。即使孩子表现出某些不足或缺乏自信，父母也应该相信他们的潜力和力量，给予他们足够多的支持和鼓励。父母的信任和肯定可以让孩子变得更加自信，勇敢地面对挑战和困难。

总之，孩子的行为背后都有心理需求。作为父母，我们需要深入了解孩子的需求，并及时地给予关注和认可、尊重和肯定。只有满足孩子的心理需求，才能培养他们的自尊心和自信心，减少他们的“问题”行为，进而促进他们的全面发展。

第五节　赞美有术

信任的眼神可以发芽
翘起的大拇指
如灯塔
赞美的话语
开出漫山遍野的花
如源泉，飞流直下

卡耐基在《人性的弱点》中写道：赞美是每颗心都向往的温存。人人都希望被欣赏、被赞美和被尊重。在亲子关系中，赞美孩子，给他们愉悦的体验，父母也会有不错的感受。当孩子收到来自父母不断的肯定和赞美时，他们就获得了强有力的人际支持，就会变得更自信并且拥有持续积极向上的力量，从而尽力去满足他们自己的或者是父母的期待。

◎现象探索

批评教育和赞美教育一直都是两个争论不休的话题。网上曾有一个热门话题“你小时候被父母在言语上打击过吗”，有 90% 的参与者选择了“小时候被父母在言语上打击过”，其中 50% 以上的参与者选择“这是导致自己缺乏自信，总是轻易否定自己的重要原因”。为人父母的我们，如果不想让孩子再走自己来时之路，可以尝试着对孩子进行夸奖教育。但常常又会陷入疑惑之中，“我已经很努力地夸奖孩子了，为什么孩子并没有朝着我期望的方向发展呢”。

有一位母亲曾在深夜发文，讲述自己把孩子夸成了全班倒数第一名的故事。这位母亲从小接受的是以“打压式”为主的教育。自己好不容易考到 100 分，想要得到父母的表扬和赞美，迎来的却是父母一盆冷水式的打击："就考了一次 100 分，尾巴就翘上天，找不到东西南北了。"因此，她出现了补偿心理，希望自己的孩子不要生活在父母的否定声中，对孩子进行"肯定式""赞扬式"的教育。这位母亲"肯定式""赞扬式"的教育是这样做的，当孩子考得好、取得成绩、帮忙做家务的时候，她会说："你真棒！""你太聪明了！""你真乖！"随着母亲这样的表扬和赞美越来越多，孩子的表现却与预期的背道而驰，反而目空一切趾高气扬。直到上小学，老师经常表扬别的同学，却不表扬她。孩子这个时候就开始闷闷不乐，对学习产生了抵触情绪，成为班级的倒数第一名。这时母亲才幡然醒悟，她的夸奖方式不仅没有让孩子变得自信、勇敢，还让孩子错误地理解了天赋、努力与成功的关系和意义。

结合这个故事，我们也可以思考一下，在平时夸奖和赞美孩子的时候，是否也如此简单粗暴？是否也如此随意？是否也没有达到预期效果？这样的赞扬会削弱他们的自我判断能力，使他们变得脆弱、敏感，只听得进去好话，而无法承受任何批评。这样的孩子在面对困难和挑战时，往往缺乏自信和应对能力，因为他们习惯了被捧在手心里，无法接受自己的不完美。恰到好处地赞美孩子，能让他们认识到自己的优势、能力和不足，从而更好地成长和发展。赞美教育是考验父母细心、耐心和智慧的大工程。

◎理论解读

1. 赞美是有意义的

每一个人都喜欢被别人赞美，一句赞美的话可以让人百尺竿头更进一步。相信大家都有过这样的经历，当我们被在意的人夸奖后，内心会涌现出一种难以言喻的激动之情，随之而来的是自信心的提升，我们会更加全力以赴地做他们期待我们做的事情，竭尽全力地满足对方的期望。这就是心理学中的罗森塔尔效应，也被称为"皮格马利翁效应"或"期待效应"。

积极心理学家认为，积极情绪能够拓展个人的资源和能力，同时有助于消除消极情绪的影响。也就是说，"赞美"像一种积极的心理暗示，它让我们相信自己真的很棒，接着才有动力变得更好。因此，如果父母能够以积极的态度对待孩子，如面带微笑、保持愉快的心情、投以期待的目光以及适时的表扬和鼓励，那么孩子就能形成积极的情绪认知和体验。这有助于增强孩子的自信心，克服自卑等消极情绪，激发他们内在的潜能，并促使他们创造自己的价值。

2. 有效赞美才具价值

值得注意的是，我们这里提到的赞美是“有效赞美”。我们要明确赞美只是一种教育方式，旨在促进孩子的成长和发展，激发他们的潜能，培养他们面对未来的挑战所需的能量和品质。当父母表扬孩子的努力时，父母是在引导他们认识到成功是可以通过自己的努力实现的，这会激发孩子的积极性，使孩子勇于接受挑战，并在面对挫折时保持良好的心态。相反，如果父母过分强调孩子的聪明才智，实际上是在告诉孩子成功并不在自己的掌控之中。这可能会使孩子害怕付出努力，害怕面对失败。

因此，无效的赞美会培养固定型思维的孩子。首先，过于泛滥的赞美会导致孩子缺乏规则意识。他们无法明确自己的责任，由于轻易获得赞美，他们容易丧失持续进步的动力。其次，过于草率的赞美会使父母与孩子都失去思考的能力。最后，无差别和未经分析的赞美可能会导致孩子形成讨好型人格。

有效赞美更能促进孩子成为成长型思维的人，那何为有效赞美呢?

（1）有效赞美的频率：有一条简单的原则，以旁观者的视角来观察自己的孩子。倘若其表现确实值得称赞，那就给予赞美。

（2）有效赞美的位置：我们与孩子是站在一个平等的位置，与他们建立联系，进行沟通。

（3）有效赞美的标准：在赞美孩子时，我们应尊重他们的个体差异和独特性，以他们自身的成长和进步为标准，而不是用一个固定的标准来衡量。

◎ 策略应对

1. 赞美三原则

（1）即时性——把握时机进行表扬。钢材之优质，方能用于刃之锋利。同样，赞美之精准，方能契合要点。在孩子成长的过程中，存在一般规律、关键期、临界点与转折点。若父母能在关键时期予以适当支持与赞美，便能推动孩子实现良性循环乃至跨越式发展。反之，若错过时机，即便日后付出再多努力，也可能难以弥补，正所谓“机不可失，时不再来”。

孩子在成长过程中有诸多第一次。我们应把握时机，善于运用激励手段赞美孩子。孩子在体验到成功的喜悦与享受父母认可的过程中，会逐渐成熟。父母按照孩子情绪发展的心理规律，及时地满足孩子的精神需求，激励效果更为显著；同时，孩子年龄越小，激励成效越显著。

比如，孩子第一次从学校带艺术作品回家，我们可以这样说：“哇，这是爸爸妈妈第一次看到你从学校带作品回家，从这个作品中看得出来你花了很多心思去设计，我们为你的创意点赞！”

（2）实质性——有理有据予以赞美。在我们的生活中，具体性和明确性是构建可信度的基石。当一个事情被详细地描述和明确地表达时，它更有可能赢得他人的信任。同样，在赞美孩子时，我们务必“有理有据，有的放矢”，要有针对性和目标性，避免空泛议论，宽泛表扬，同时切勿含糊其词，模糊不清。

例如，孩子跳绳又上了一个新台阶，我们可以这样说：“宝贝，你天天坚持跳绳，现在的动作更标准了：大臂能紧贴身体了，小臂匀速甩绳，脚跟也垫起来了。你看，今天突破 160 了，进步很大哦！”这样的赞美方式，更能让孩子注意到自己进步的原因是天天坚持、动作标准。这样的赞美对孩子的将来是受益无穷的。

（3）真诚性——发自内心表达敬意。赞美孩子应当体现为关爱之情、肺腑之言、激励之志。它源于内心、基于实感、寓于真诚。“唯有真挚的赞誉方能触及人心。”父母之赞美犹如春风拂面，能使孩子树立自信，从内心深处获得真实体验与感动，进而激发他们不断前行的动力。

比如，孩子考试得了全班第二名。有的家长会这样表扬：“这次考得不错，下次努力考第一。”这样的赞美是带有条件的，孩子不仅不能感受到父母的愉悦，反而会觉得自己不能满足父母的期待。我们可以尝试这样说：“祝贺你考了第二名！这段时间付出了很多努力，我为你感到骄傲。”赞美孩子，我们需要从心出发，才会表达出恰如其分、内涵深刻的赞美之情。

2. 赞美一公式

著名儿童心理学家海姆·G. 吉诺特提出了赞美公式：

（1）描述事实，避免评价。在对孩子进行表扬时，明确指出具体的优点，使其更容易领会，并明白今后应如何发挥优势。在赞美之时，不要嫌麻烦，试着用多一点的话去描述我们所看到的和我们感受到的。

（2）针对事件，多夸后天的品质。对于孩子而言，不需要过多地赞美其与生俱来的特质，如智商和外貌等，而是赞美孩子在后天努力所塑造的品质。例如，我们更应称赞他们的努力而非聪明，以此让他们深信“成功源自努力”。如此一来，孩子们将更愿意迎接挑战，勇于面对失败，并且不会因某次失败而质疑自我价值。

（3）表达自我内心感受。在亲子关系中，如果我们无法对孩子表达情绪感受，是很悲哀的，这会堵塞我们沟通的桥梁。我们的感受是很重要的，我们要去觉察自己的感受是什么。在生活中，我们常常对孩子输出的是评价，而不是感受。

评价——妈妈说：“我觉得你很棒。”这句话很难让孩子感受妈妈的情绪，孩子也不会对这句话做出更多有效的回应。

表达感受——妈妈说：“儿子，妈妈很高兴收到你送的母亲节贺卡，希望以后能有更多的这种体验。”孩子会更容易体会到相同的感受而准备更多惊喜。因此，多表达自己的感受可以让孩子更了解自己，从而避免很多的误解。

（4）客观描述，避免过分美誉。比如孩子画画，不管好不好看，是不是画完了，你都一顿夸奖，这会让孩子觉得你是在敷衍。我们要避免对孩子的能力进行过度夸赞，应根据实际情况进行客观评价。比如考试失利，我们最好不要说：“你这么聪明，下次你一定能考第一的。”而是要提醒孩子：“虽然这一次考试成绩不理想，但你每天在家里复习我们都看在眼里，我们可以一起来找一下问题。”这一方式在实事求是的基础上，既鼓励了孩子，也促进了孩子不断纠错和进步。

3. 赞美的三方式

（1）直接赞美——父母直接赞美孩子。例如：你把房间收拾得真整洁，谢谢你为咱家的整洁贡献了自己的力量，妈妈很欣慰。

（2）间接赞美——借他人之口表扬孩子。例如：今天在楼下遇到了李叔叔，他说你上次帮他提东西上楼，真是一个贴心的孩子。

（3）自我赞美——引导孩子自我肯定。例如：陈老师告诉我，上次月考有一个难题全班只有你一个解出来了，你能告诉我你是怎么做到的吗？

最后一个温馨小提示：我们无需时刻赞美孩子。用心关注孩子，真诚欣赏他们的优点，并善于发掘他们的潜能。每一个真挚的眼神和每一份真挚的喜悦，都能为孩子内心注入正能量。

第六节　优势可明

总想在黑暗中给你照亮
为你把道路平整好方向
总嫌灯不够亮
路也不够宽敞
却没想，你在蹒跚中
早已练就了有力的臂膀

如何去挖掘和培养孩子的优势呢？为了进一步探讨这一问题，我们先进行一个简单的小活动。首先，请你拿出一张纸和一支笔，诚实地写出自己的缺点。在完成这一步骤后，再请你详细地写出自己的优势。我们可能会发现，在写出自己的缺点时，大家的反应更迅速，列出的数量也相对更多。那么，在孩子的教育过程中，这一现象是否也同样存在呢？请你尝试写出孩子的缺点与优势，我们可能会发现，写出孩子的缺点相对更为容易。为什么会出现这种情况呢？

◎现象探索

著名心理学家罗伊·鲍迈斯特提出负面信息加工优势的概念，是指我们更关注负面的信息。坏印象比好印象更容易形成，也就是我们和孩子相处的过程中，更容易看到孩子的缺点而忽视孩子的优势。比如，在一次失败的考试中，我们可能更倾向于总结孩子考试失败的原因，认为孩子学习不认真、粗心、知识掌握不牢固；却看不到孩子在这次考试中已经努力地用心思考了、耐心地解题了。在传统教育中，我们往往容易忽视孩子的优势，而过于关注他们的不足之处。在传统的亲子沟通中，我们也确实容易忽视孩子的优势，而过于关注他们的不足之处，甚至认为优势是理所当然的。特别是进入青春期后，亲子关系可谓是火星撞地球，两代人的某些观念或态度要从对立到融合，不得不说是一件相当不容易完成的大工程。俗话说“爱之深，责之苛”，你是否有过以下情况：当你想要和孩子沟通的时候，却又无从下手，就会不自觉地陷入负面信息加工优势，聚焦于孩子的缺点，发现孩子的缺点，批评孩子的缺点，并以此来表达对孩子的爱，标榜自己是为孩子好。

比如使用负面语言教育孩子：

- 不认真读书，你以后都养不活自己！
- 你整天这么不听话，早知道就不生你了！
- 你真是越来越不听话了，读小学的时候还懂事点！

这些话就像一根根刺扎入孩子的内心，不仅没有达到预期效果，还会让孩子越来越不喜欢沟通，甚至有时候会直接转身关上自己的房门。此时的我们可能会感到伤心和难过，其实孩子同样也会难过和伤心，从而导致一种两败俱伤的局面。我们换一个角度来思考一下，相信大家都写过或者看过个人简历，里面绝不会有填写自己的缺点这一项！因为这个世界上没有十全十美的人，所以在招聘过程中社会（单位）更关注的是一个人的优势，而不是缺点，也就进一步说明了优势属于社会属性，而缺点属于个人属性。此时，你会认同挖掘孩子的优势比缺点更有意义吗？

◎理论解读

1.优势养育的意义

我们有时会使用木桶理论养育孩子。什么是木桶理论呢？一个木桶的水容量取决于木桶上最短的一块木板，也就是我们为了让孩子变得更优秀，需要不断地刺激孩子去弥补自己的缺点。然而，这个理论可能忽视了一个重要的方面：人的工作效率和幸福感。如果让人一直去做你不擅长的事情，不仅做事效率低，还会让你觉得痛苦。反之，我们一直迫使孩子去补齐短板也是一件让人痛苦且漫长的事情，是不利于亲子关系和谐发展的。这时我们可以转换角度，考虑“斜木桶”理论。当我们将木桶斜放时，水容量就取决于最长板子的长度。这意味着，如果我们能够专注于发展自己的长板，并充分发挥其潜力，那么我们就能装更多的水。因此，与其不断地鞭策孩子去弥补短板，不如鼓励他们发现并发展自己的优势。这样不仅能提高他们的效率和幸福感，还能使他们有信心和有动力去追求自己的梦想。

研究人员发现从优势出发的教育方式或生活方式对我们自己和孩子的成长具有以下显著益处：

- 提高幸福感：通过关注并培养我们的优势，我们能够更好地认识自我，实现自我价值，从而获得更高的幸福感。
- 升学更顺畅：在学习中，了解并培养孩子的优势有助于他们更好地适应学习环境，提高学习效率，从而在升学过程中更加顺畅。
- 工作更坚持：关注优势的生活方式能够帮助我们在工作过程中更自信、更高效，从而更坚持工作并取得更好的职业发展。
- 身体更健康：关注并发挥我们的优势能够提升个体的心理健康水平，进而改善身体健康状况。
- 压力能面对：通过发挥我们的优势，我们能够更好地应对生活中的挑战和压力，保持积极的心态和情绪。

接下来，我们要解决的问题是如何去发现我们及孩子的优势？

2. 优势可明确

积极心理学家马丁·塞利格曼教授和皮特斯教授，邀请了来自全球各地的50多位杰出心理学家，他们来自不同的文化和学科背景，共同探讨并分析了人类普遍认可的优势。经过深入地研究和讨论，他们总结出六大美德，以及24种优势。

（1）智慧和知识：知识获取和运用上的认知优势。

- 创造力：善于思考并探索新的方法和问题，寻求创新和突破。
- 好奇心：对生活充满热情和兴趣，拥有多样化的爱好。

- 思维开放：能够全面、多角度地思考问题。
- 好学：喜欢阅读非小说类的各种作品。
- 洞察力：能够敏锐地观察到他人难以察觉的事物，深入思考并能够预测他人的想法和行为。

其中最基本的是好奇心，最成熟的是洞察力。

（2）勇气：在面对不利条件或内外意见不一致的情况时，能够坚定地追求理想目标并勇往直前。

- 勇敢：面对不同的意见，能够坚持原则，据理力争。
- 坚韧：从来不会在任何挫折面前妥协、退让。
- 正直：能够获得别人的信任，坚守原则、保守秘密。
- 活力：总是保持一种热情洋溢的精神面貌。

（3）人道主义：有人道主义情怀，能够友好、积极地与人交往。

- 爱心：珍惜和别人的亲密关系，愿意与别人相处，愿意与别人分享。
- 善良：具有主动帮助他人、关心他人并提供支持的行为倾向。
- 人际智力：能够与不同的人打交道，能够处理不同的、复杂的人际关系，组织得体、行为得体，能够了解别人的欲望需求和行为动机。

（4）公平公正：超越了一对一的关系，是个人与集体的关系，如家庭、社区、国家，甚至世界。

- 公民精神：为了集体利益，愿意牺牲自己的利益。
- 公平感：能以公平和公正的态度对待所有的人，给予每个人相同的尊重。
- 领导力：能带动团体成员实现较好的协作，即使他们之间存在分歧，能够协调各方。

（5）节制：恰当、适度地满足需求，反对过度、超额。

- 宽恕和慈悲：很少对他人产生怨恨情绪。
- 谦卑：不认为自己比他人更特殊，待人平等，为人低调。

- 审慎：遇到事情后，总是认真思考后再发表意见。
- 自我规范：能够控制自己的饮食和情绪。

（6）超越：一种精神卓越，将个人与更宏大、更永久的东西相连接，与他人、自然、世界相连接，建立有意义的联系。

- 欣赏美：看到美好的事物时，总能触动内心深处的情愫。
- 感恩：对生活中所得到的一切都充满感激。
- 希望：总是对未来充满希望，期待新的一天到来。
- 幽默：可爱、风趣，与别人相处总是充满欢笑。
- 灵性：相对于物质生活，更关注自己精神方面的满足。

◎策略应对

我们可以利用六大美德、24 种优势来帮助孩子们发现和培养自己的优势。下面我们具体来看一看，“三妙招”引导孩子发挥优势。

1. 描述“最棒的我”

家庭成员应安排一个固定的时间，各自根据 24 种优势来审视自己，并找出符合自己的优势。随后，每位成员需准备一个故事来展示或证明自己具备这些优势。通过分享“最棒的我”，我们可以帮助孩子明确自己的优势，并有效地向他人传达。这种持续的表达和分享过程将有助于增强孩子的认同感和自信心。同时，这也将促进家庭氛围的良好发展。

2. 变化角度，拓展优势

良好的家庭教育可以培养孩子树立正确的世界观、人生观、价值观，最终能够很好地适应社会生活。因此孩子的优势不仅仅体现在读书成绩好、分数考得高，他们具备的优势可以运用到不同的场景、不同的场合、不同的对象；所以我们引导孩子如何去挖掘优势、迁移优势也是一个特别重要的技巧。比如，孩子的优势是可以发现生活的美，能感受一朵云的形状变化，能画出山川大地的轮廓，那我们可以培养他绘画技能或者文学创作。还有些孩子动手能力强，可以适当鼓励孩子们多做一些力所能及的家务或者从手工制作中获取成就感。

我们要善于帮助孩子迁移他的优势，运用优势培养他的各种能力，也可以帮助孩子更好地适应社会，提高他们的综合素质和竞争力。

3. 化“劣势”为“优势”

我是世界上独一无二的我，我的孩子也是世界上独一无二的，我们拥有劣势和不足是再正常不过的事情。在生活中，我们只能尽可能地帮助孩子将自己的优势应用到转化孩子劣势上，培养孩子的自信心。具体而言，我们可以通过利用孩子的优势，引导他们去完成一些他们可能不喜欢但具有价值的目标。例如，如果孩子性格活泼好动，不喜欢被约束和被要求，那在家里如何让孩子主动整理衣物？如果孩子具有领导才能，喜欢安排事务，我们可以让他们担任家庭卫生监督员的角色，监督家庭成员整理衣物的情况。这种方式不仅可以提高孩子整理衣物的自觉性，同时也能够充分利用他们的优势，促进他们的全面发展。

每个孩子都有自己的独特才能和美好品质。如果一直坚持发挥他们这些特长，相信我们和孩子都会变得越来越棒！

第七节　用好时间

把日复一日的时间
化为无边无际的云海
每踏上一朵云
就写下对你的思念
阳光照进来
云已不在

“明日复明日，明日何其多。我生待明日，万事成蹉跎。”每每耳边响起这首耳熟能详的诗，都能提醒我珍惜时间，合理管理自己的时间，不要因为浪费时间而留下无法弥补的遗憾。习近平总书记亦在“只争朝夕，不负韶华”中讲到我们要在时间的洪流中把握好青春年华。因此，不仅我们个人应该有时间管理的能力，还应该在养育孩子的过程中，帮助孩子养成良好的时间观念，学会时间规划，做好时间管理。

◎现象探索

1. 小猪与美味果实的种子

知乎作者桔宝分享了《小猪与美味果实的种子》的故事，小猪有一个愿望——吃到世界上最美味的果实。于是他去找了智慧老人帮忙。智慧老人送给小猪一袋种子，并告诉他每天都给种子浇水、施肥、除草以及光照。一年以后，种子就会慢慢地长大，然后结出美味的果实。

小猪听了非常高兴，整天都沉浸在满屋子都是美味果实的幻想中，时间就来到了晚上。小猪想今天太晚了，我明天再去种植它们。第二天，小猪起床后看到天气非常好，适合和朋友去郊游，决定明天再种。第三天的清晨，一阵雷声把小猪吓醒了。小猪心想：外面又下雨又打雷不安全，种子明天再种。第四天雨停了，小猪看到田地里都是湿湿的泥巴，田间的路也太滑了，种子就先不种了。第五天，太阳出来了，小猪觉得非常舒服，决定先睡个懒觉，醒了再种。到了第六天，小猪下定决心去种种子，他打开包着种子的包裹，发现种子已经开始腐烂了。

小猪生气地去找智慧老人理论。智慧老人告诉他，种子的保质期只有五天，而今天已经是第六天了。小猪想再要一包种子。智慧老人告诉他这机会只有一次，错过了就没有了。小猪非常懊恼自己只顾着当下玩，忽视了时间管理，错过了更重要的东西。

2. 机场一日游

有一位网友分享了一段自己的误机经历，由于她总是踩点赶高铁，在飞机值机关闭前的最后一刻办理登机和托运，所以经常会发生误机或误车的情况。

有一次，她去机场乘坐早上 11 点的飞机。她的计划是：9 点出发到机场，就刚好可以走加急通道上飞机。结果遇到了早高峰堵车。虽然她成功值机，但是由于登机口太远，她错过了第一班飞机。随即她改签了航班，但需要走到另一栋航站楼。在前往航站楼的途中她又被机场商店琳琅满目的商品拖住了脚步，没有赶上机场巴士。最后，仅差 1 分钟再次误机。故事的结尾是她制订的“完美行程”变成机场一日游，以头等舱的价格买了经济舱的待遇飞往了目的地。

3. 办法我都用尽了

有一天，隔壁邻居一看到我就开始抱怨她家孩子“没有时间管理，做事拖拖拉拉，一点不利索”。我问她，用过什么办法帮助孩子建立时间观念。听到这个问题，她更是垂首顿足，十分无奈地告诉我，办法都用尽了。比如，网上说利用碎片化时间，她就让孩子在车上背古诗，吃饭的时候听英语单词，还时常跟在他的屁股后面催促他“快点，快点”。结果，她家孩子不但没有变得利索起来，反而做事毛毛躁躁，她问我该怎么办？

◎理论解读

1. 时间管理是什么

时间管理不仅仅是对每天 24 小时进行线性规划，其核心更在于个人对自我的全面管理。正如现象探索 3 中的母亲，每天纠结于孩子做事的快慢和碎片时间的安排，并没有聚焦到教会孩子如何认识时间和如何规划时间，就会出现治标不治本的情况。

彼得·德鲁克曾说："卓有成效的管理者与其他人最大的区别在于他们对自己的时间十分珍惜。"时间管理的概念是通过个体对待时间的功能和价值，运用时间的方式所表现出来的心理和行为特征。分为明确目的需求、设定目标计划、优先级排序、安排工作及决策落地方式几个阶段。

2. 时间四象限法则

时间四象限法则是美国著名管理学家史蒂芬·柯维在他的《高效能人士的七个习惯》书中提出的一个时间管理理论（见图 3–2），即把事务按照重要和紧急两个维度进行划分：第一象限是重要且紧急的事务；第二象限是重要但不

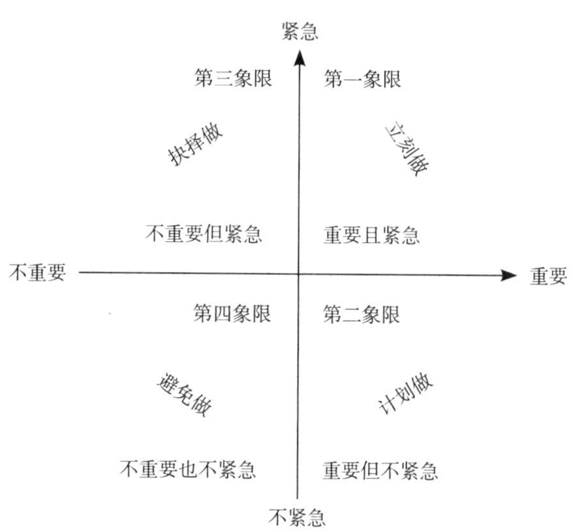

图 3–2　时间管理理论

资料来源：柯维．高效能人士的七个习惯 [M]. 高新勇，王亦兵，葛雪蕾，译．北京：中国青年出版社，2020.

紧急的事务；第三象限是不重要但紧急的事务；第四象限是不重要也不紧急的事务。按照处理优先级划分：首先处理既紧急又重要的事项，其次处理重要但不紧急的事项，然后处理紧急但不重要的事项，最后处理既不紧急也不重要的事项。在该法则中，第二和第三类事务的顺序尤为关键，需谨慎区分。同时，应注意区分第一和第三类事务，它们均具有紧急性，区别在于前者能创造价值，推动实现重要目标，而后者则不然。

（1）第一象限是重要且紧急的事务。这类事务一般都具有急迫性且影响比较大，我们既无法回避也无法拖延，必须优先处理。在现象探索 1 中，小猪应该马上去种种子就是重要且紧急的事情，但小猪没有意识到，故失去收获美味果实的机会。

（2）第二象限是重要但不紧急的事务。第二象限不具有时间上的紧迫性，但其影响力不亚于第一象限，所以我们要有计划地处理第二象限的事务。如果我们没有提前规划完成该象限的事务，那么到了后期这些事务将会转化为第一象限的事务，使我们陷入持续的压力之中，疲于应付。比如，期末考试前一个月，我们就提醒孩子开始做期末复习计划。但由于孩子的疏忽大意没有将这件事情放在心上，就会造成临近考试之时，孩子“临时抱佛脚”的情况。

（3）第三象限是不重要但紧急的事务。这类事务一不小心会和第一象限的事务混淆，我们仔细觉察会发现它并没有那么重要。比如临时通知的会议、朋友邀约或者孩子写着作业突然想要上厕所等，我们可以选择性地来完成第三象限的事务。

（4）第四象限是不重要也不紧急的事务。这类事务是生活中的琐碎小事，对生活的影响和意义不大，比如我们无聊时看的网络小说或者打游戏。如果我们有空闲时间可以偶尔做一下这些事情，但如果我们有更有意义和价值的事情需要完成，可以不花时间在该象限中。

◎ 策略应对

我们可以通过时间管理来提高自身的自控能力，作为成年人操作起来就是自然而然的，但作为家长如何培养孩子的时间管理能力，这个问题常常困扰着我们。我们很清楚地知道时间管理能力直接影响到孩子的学业成绩和生活质量，也希望自己能够帮助孩子去做好时间管理。以下几种方法或许是有帮助的。

1. 认识和感知时间

个体在不同的年龄阶段对时间的感觉是不一样的。随着年龄的增长，我们对时间的感知也会越来越清晰。也就是说我们往往认为小朋友缺乏时间观念，实则是因为他们对时间的感知能力尚未成熟。日本山口大学时间学研究所的井上慎一教授在《柔软的生命时光——生命的时间学》中写道："人是通过海马体记忆的，在两侧耳朵深处各有一个海马体，海马体受伤，就会失去时间感和记忆。海马体对一件事发出'要记忆'指令的次数越多，在事后回忆时，我们就会感觉时间过得越慢。小孩子对各种事物都感到新奇，海马体也频频发出记忆指令，所以小孩子就感觉一年的时间过得很慢。"因此，想要让孩子从小学习时间管理能力，那就先要让他们认识时间和感知时间流逝。

（1）认识时间。如果家里的小宝贝才两三岁，别小看他们，已经可以开始学习认识时间了。就像我们平时聊天一样，可以从"早上、上午、中午、下午、晚上"这些词开始，让他们对时间和顺序有个大概的了解。比如，在晚上睡觉的时候可以给孩子总结一下：上午爸爸带宝宝去打了疫苗，中午妈妈做了宝宝最喜欢的玉米粥，下午宝宝看了《小猪佩奇》，晚上姑姑给宝宝讲了绘本故事。这样，他们就能更好地理解一天中各个时间段发生了什么，是不是很棒呢？孩子再大一点的时候，可以加大时间概念的范围，包括但不限于年、月、日、时、分、秒等。我们最好给孩子准备一个精美的钟表放在他的房间，让孩子从小将时间和生活事件联系起来，也为以后形成时间规划做好准备。

（2）感知时间。生活中，我们有很多工具可以帮助孩子感知时间。我的一位朋友帮助孩子感知时间的方式让我觉得既感动又细腻。有一天，我开车载她们两人回家，遇到红灯的时候我停了下来。她对着孩子说："你知道为什么阿姨要停下来吗？"孩子也很给力地回答："因为红灯停，绿灯行。"接着她满脸笑容地说："宝宝真棒，已经背对了口诀，那你看到红灯旁边的数字了吗？

那就是我们要等待的时间，10、9、8……你看数完 1 之后，灯变绿啦。我们是不是等待了 10 秒？”之后的每一个红绿灯，她们娘俩都如此交流。最后，这位小朋友能准确地表达出绿灯时间多少秒，红灯时间多少秒。我朋友借助红绿灯让孩子感知到了时间，在生活中我们还可以借助闹钟、沙漏让孩子感受时间的流逝。

2. 巧用截止时间

在工作中，我们常常开玩笑说截止日期是工作的唯一动力。玩笑归玩笑，我们也不得不承认截止日期在一定程度上也促进了我们的工作效率。对于培养孩子时间管理能力这件事情我们也要学会巧用截止时间。

比如明确告诉孩子：

“30 分钟以内完成语文两首古诗的背诵和默写。”

“这个月你需要读完 2 本课外书籍。”

“你可以看 20 分钟电视。”

我们需要温柔且坚定地执行这一环节，就像和孩子形成了一种契约精神，时间久了，孩子只要一听到类似的话语，就知道接下来要做什么和怎么做了。当然也有具体问题具体分析的时候，如果完成的任务确实有难度，也要适当增加时间，给孩子喘息的机会。如果孩子不遵守休闲时间，比如看电视超时，那我们偶尔可以睁一只眼闭一只眼，在他下一次休闲时间里扣除相应的时长，让他学会承担不遵守时间的后果。

3. 利用好时间四象限法则

我们可以找一个时间和孩子一起将当前阶段需要完成的任务列一份清单，然后按照重要和紧急程度给它们排个序。当然对于孩子来说，学习和作业肯定是每天的“必打卡”任务。为了防止孩子出现逆反心理，我们需要明确地告知孩子，及时完成学习和作业是有很多好处的。比如可以更投入地和小伙伴玩耍、有更多自由支配的时间。如果孩子能很好地利用时间四象限法则去区分当下的一些任务，他们很可能做事就会更有条理，更能提升学习效率。

4.“我”是时间管理的第一责任人

如何做好时间管理归根到底还是要自我习得、掌握及运用。所以，我们要帮助孩子建立起“我”是时间管理的第一责任人的信念。首先，要让孩子思考：做好时间管理对我有什么利弊。这里我们要给孩子“试错”的机会，也要给足时间等待孩子自我反思和自我成长。前面我们提到，孩子的时间感知和我们成年人的时间感知是不一样的。可是现在有很多家庭并没有给孩子感知时间的机会，特别喜欢催促孩子：“快点，起床了，要迟到了。”“快点，写个作业半天都写不完。”

事实上，让孩子准时到校、及时完成作业并不是父母的责任，而是孩子自己的事。如果孩子总是不能按时起床、不能及时完成作业，不如“放手”让他迟到一两次、不催促他完成作业，让他自己到学校去承担迟到和未完成作业的后果。让孩子彻彻底底地感受几次没有做好时间管理的后果，他们可能就会意识到自己是时间管理的第一责任人，也就会学会该什么时候起床，什么时候完成作业。

做好时间管理是一场自我修行。我们在协助孩子发展时间管理能力的时候，请一定保持耐心和距离，及时伸以援手，及时回到观察的位置，相信孩子终能成为“用好时间”的人。

第八节　谋好人生

浪花一朵又一朵
流淌出未来
潜入海底
触摸冰冷有温度的胸怀
这透亮的人生啊
将绘出怎样的色彩?

古人云:“凡事预则立,不预则废。”“不打无准备之仗,方能立于不败之地。”家庭教育中我们不断地挖掘孩子的优势、培养孩子的情商、做好时间管理，都是在为孩子将来的人生道路走得更顺畅和更从容作准备。那么我们更不能忽视生涯规划这一重要环节，因为生涯规划就像是一次奇妙的探险之旅！生涯规划可以让孩子将父母给予的外在知识和力量内化，引导他们去挖掘内心深处的兴趣，就像寻找宝藏一样。在这个过程中，他们不仅能发现自己独特的优势和才华，拥有朝着梦想迈进的动力源泉，还能大致确定未来的职业方向。

◎现象探索

1. 一只鸡和一只小鹰

陈逸浓老师讲了一个关于一只鸡给一只小鹰做生涯规划的故事。故事是这样的，有一只小鹰不小心掉落到了鸡窝里。鸡妈妈把小鹰当成自己孩子来看待，教会小鹰一身本领，比如捉虫子、刨土以及如何躲避危险。聪明的小鹰面对鸡妈妈教授的技能一学就会，但向往天空的本性驱使小鹰常常扑腾翅膀想要振翅高飞。鸡妈妈看到之后就教育小鹰道：“孩子，不要妄想可以飞翔，我们的本领在地上，只有埋头寻找才会活得更好。”

鸡妈妈的教育方式适合本该翱翔于天空的小鹰吗？小鹰的成长之路有遵循自己的成长规律吗？

2.“清华一哥”的艺术家梦

梁植在清华读书的十几年间涉猎过三个专业并且成绩都名列前茅，本科读法律、硕士读经济、博士读新闻。但他心中却藏了一个“艺术家”的梦，2015年他参加了《我是演说家》并获得全国总冠军。随后梁植又开启了自己的演员人生，参演了改革开放四十周年献礼剧《启航》。

在采访中他提到“自己对舞台和艺术工作的冲动，其实从小学就开始了”。原来在高考填志愿时，梁植就想报考北京电影学院，但遭到母亲的强烈反对，无奈之下选择屈服于母亲，前往清华读书。冥冥之中自有天命，梁植在清华读书的日子里，总是不知道如何选择自己的职业，便换一个领域继续深造，可他却从来没有放弃“艺术家”的梦想，总在专业之余去触碰艺术领域，还小有成就。最后他终于挣脱束缚，利用自己的前期在艺术领域的积淀深耕创作。如果母亲一开始就能察觉到梁植在艺术领域的天赋并给予支持、帮助以及尊重他的院校选择，梁植有没有可能在就业方面就不会那么迷茫，换那么多的专业呢？

3. 人生目标调查

哈佛大学曾做了一个关于“人生目标”的跟踪调查，调查对象为一群各项条件都差不多的人，调查发现：其中27%的人没有目标，60%的人有模糊的目标，10%的人有比较清晰但短期的目标，只有3%的人有十分清晰且长期的目标。持续跟踪调查25年后，他们原本差不多的人生发生了翻天覆地的变化：有清晰长期目标的人，一直朝着一个方向坚定前行，成为行业精英。有清晰短期目标的人，他们属于社会的中上层。目标模糊的人，没有取得什么成就，生活在社会中下层。没有目标的人就在社会底层挣扎、抱怨。调查结果告诉我们，有清晰的目标对人生有巨大的影响，如果这个目标是长远的，我们的人生将更具价值，也会取得更大的成就。

无独有偶，北京大学徐凯文教授公布了一组关于“人生目标”的调查数据：

在北京大学新生（本科生和研究生）中，其中40.4%的学生认为人生没有意义，30.4%的学生厌恶学习或者认为学习没有意义。这些优秀学子在完成了“高考上岸”的目标后，失去了探索人生的方向。

◎理论解读

研究显示，个体对自己的职业生涯规划越早越好，有助于更全面地了解自我，有助于自己的职业发展道路更健康。

1. 生涯规划是什么

舒伯最早提出了生涯规划的概念，他认为职业生涯规划是个体对自身各个方面进行评估和总结，确立职业目标，并据此制订实施计划并付诸努力，以最终实现职业目标。随着研究的深入，在舒伯原有的理论基础上不断丰富相关内容，其中有研究者认为生涯规划会随着我们的认知变化而不断优化调整。

生涯规划是一个动态调整、优化的过程。在这个过程中，个体综合权衡了自己的兴趣爱好、优势潜能、社会需求等相关因素，确定最佳职业理想，并为之做好职业目标和职业计划，以期实现职业理想。

2. 舒伯的生涯规划发展阶段模型

舒伯依照年龄层次将每个人生阶段与职业发展结合，把生涯发展阶段划分为成长、探索、建立、维持与衰退五个阶段。

（1）成长阶段。从出生至14岁，此阶段儿童逐渐形成自我概念，通过尝试各种方式表达自身需求，并不断调整自身角色。这阶段又可分为三个时期：

- 幻想期（4~10岁），通过角色扮演来满足对各种职业的幻想体验。比如川渝地区小孩子玩的“办家家酒”游戏。
- 兴趣期（11~12岁），关注自己的喜好兴趣。
- 能力期（13~14岁），侧重于发展具体能力。

（2）探索阶段。15~24岁，个体在此阶段对职业进行探索，尝试寻找适合自己兴趣和能力的发展方向。此阶段包括两个时期：

- 试验期（15~17 岁），个体开始关注自身兴趣和能力，尝试不同类型的活动。
- 评估期（18~24 岁），个体根据试验期的体验，对自身职业发展方向进行评估和调整。

（3）建立阶段。25~44 岁，个体在充分了解自身和职业环境的基础上，作出长期职业规划。此阶段可分为两个时期：

- 承诺期（25~30 岁），个体确定职业发展方向，开始投入专业技能的学习和积累。
- 稳定期（31~44 岁），个体在所选职业领域稳定发展，逐步实现职业目标。

（4）维持阶段。45~64 岁，个体在职业生涯中获得一定成就，需不断维持和提升自身能力，以适应职业环境的变化。此阶段可分为两个时期：

- 调整期（45~55 岁），个体应对职业发展的挑战，调整职业策略。
- 巩固期（56~64 岁），个体巩固已有成就。

（5）衰退阶段。65 岁至离世，个体逐渐退出职业生涯，实现职业角色的转变。

舒伯的生涯发展阶段模型为我们提供了全面而系统的生涯规划指导，可以帮助我们在人生不同阶段做出恰当的职业决策，实现职业生涯的持续发展。

3. 生涯规划教育的必要性

当代社会对人才的需求可谓是日新月异，社会竞争和就业压力也日益增强。我们有时会对职业的选择或者岗位的调整感到迷茫和不知所措。这也提醒我们要从小重视孩子的生涯规划，帮助他们更好地应对未来的挑战，以至于不在职业生涯中迷失。

作为家长，我们应引导孩子树立正确的职业理想，让他们逐步具备根据社会需求正确地认识自我、勇于面对成绩与挫折、充分挖掘自身潜能等职业规划能力，从而让孩子形成早期职业发展目标，以规范和调整个人行为，确保学业与职业选择方向的准确性，为追求梦想奠定坚实的基础。

◎策略应对

我们来到这个世界上除了是我们自己以外，还承担着各种各样的角色，比如子女、学生、妻子/丈夫、工作角色再到为人父母，每一个角色和每一个阶段我们的任务和重心都需要精心安排和策划，但时常又会感叹“计划赶不上变化”。因此，做好生涯规划是困难的，但学习去做尽可能完善的生涯规划也有助于我们抵抗更多的未知风险。同样的为人父母，从小开始重视孩子的生涯规划，让孩子能在飞速发展的世界里，找到自己的职业理想是非常重要的事情。生涯规划如何才能做好？接下来，我提供以下几个方法供大家参考。

1.尊重孩子意愿更新教育观念

很多时候，我们会把自己的成长历程不知不觉地复刻到孩子身上，认为我自己都是这么过来的，还不是顺利长大了？其实我们花点时间思考一下，就会发现孩子现在的成长环境与我们当年的成长环境相比，已经发生了翻天覆地的变化，过去教育的方式和方法可能早已失去了时效性。那么我们就必须先放下姿态主动去学习新的养育方法，改变我们的传统思想，做好和孩子一起成长的思想准备。当正向的家庭教育和与时俱进的生涯规划碰撞到一起才会培养出有想法、有目标、有规划、有创造力的“四有”好孩子。

2.利用生涯规划三要素

清华大学刘嘉教授提出生涯规划的三个要素为：我能够、我喜欢、有价值。

（1）我能够，即选择自己能力和天赋范围以内的领域进行深耕。前段时间著名体操运动员杨威分享了自己对孩子生涯规划的经验：他的儿子和双胞胎中的姐姐堪称“别人家的孩子”——学习自律、爱好广泛。但妹妹是慢热的性子，做作业慢、行动慢，成绩也不突出。杨威意识到自己要先接纳孩子的普通，她可能终其一生都只是一个普通人。然后改变对妹妹的教育策略，不再强求她学习自己不擅长的内容，而是引导孩子关注自己进步的每一个小点滴，让她在自己擅长的领域建立自信心。

每一个人都有自己擅长或者不擅长的，我们在擅长的领域进行探索和发展所获得的成就感远远大于在自己不擅长领域进行摸索获得的成就感。

（2）我喜欢，即要看到孩子的天赋并支持其拓展成为兴趣。当我们发现孩子具备某方面的天赋时，可以有意识地培养孩子相关的兴趣。比如，可以鼓励孩子多去参加学校的绘画、舞蹈、拳击等相关社团；也可以去参加课外兴趣班，让天赋和兴趣产生联系。接着，我们可以考虑兴趣是否能够和学业科目挂钩，明确当下的学习目标。比如，孩子擅长和动植物打交道，中学阶段就可以考虑未来是否要学习生物学相关专业，从事生物学相关职业。这样环环相扣的生涯规划会让孩子更明确自己想要成为一个什么样的人。

（3）有价值，即所选职业道路的社会意义。前面两个要素可能对培养孩子的生涯规划更具操作意义。“有价值”可能要等到成年后他们才会认真思考，做出更具社会意义的职业选择。不过大家也可以思考一下我们的职业道路是怎么样的。当今社会，有些人在很多方面都具有选择性，比如教师通过自身不断的努力，既可能是专业教师，也可能带有行政职务，还可能是一名不错的网络博主，如此做到了“三十而立”；那么接下来的生涯规划可能要做一些抉择，尽可能做到简而精，进入四十不惑的阶段。言传身教的生涯规划教育对孩子也有巨大的影响力。

3. 鼓励孩子正确对待实现理想的过程

首先，我们要告诉孩子，理想高于现实，追求美好理想需付出努力与奋斗。若不愿努力，不思进取，则理想仅沦为空中楼阁，失去实际意义。

其次，我们要让孩子明白，为实现梦想，应当实事求是，立足当下，关注细节。不愿从事小事的人，往往难以缔造辉煌事业。“不积跬步，无以至千里”“一屋不扫，何以扫天下”正阐述了这一观念。

最后，家长要告诉孩子，实现理想并非坦途，势必会遇到各种各样意想不到的困境与挫折。唯有秉持坚韧不屈的精神，直面挑战与困难，以顽强毅力突破重重险阻，方能抵达理想之境。往往在“再坚持一下”的努力之后，成功便会如期而至。

4. 给孩子提供生涯探索的机会

生涯体验、探索、实践从日常生活开始，这也是孩子认识社会、了解专业和职业的最好途径。越早探索，目标就越清晰，学习就越有动力。

节假日的时候，我们可以带孩子去参观各大高校，让孩子对不同大学的特色和氛围有一个清晰的认知；也可以带孩子去自己的工作场所，让其体验一天自己的工作角色、职场环境和工作内容；还可以鼓励孩子多参加社会实践，比如去当地博物馆当讲解员、去动物园做志愿者等提前体验不同职业。

如此，孩子能够深刻理解自己想要踏入的领域，从而激发内在动力，进而调整个人的学习规划与生涯探索计划。

附　录

爱情态度量表（LAS）[1]

这个量表主要测量你对爱情所持的态度。

题目中“他 / 她”是指目前与你亲密交往的男 / 女朋友（请以你目前的恋人为回答依据；若你目前没有恋人，请就上任对象作答；若没有谈过恋爱，也请你想象一下再作答），请针对每一题所叙述的情形，选出你认为最能反映你实际状况的选项。

1. 我和他 / 她属于一见钟情型。

A. 完全不符合　　B. 不符合　　C. 没意见

D. 符合　　E. 完全符合

2. 我很难准确地说我和他 / 她是何时从友情变成爱情的。

A. 完全不符合　　B. 不符合　　C. 没意见

D. 符合　　E. 完全符合

3. 对他 / 她做承诺之前，我会考虑他 / 她将来可能变成的样子。

A. 完全不符合　　B. 不符合　　C. 没意见

D. 符合　　E. 完全符合

4. 我总是试着帮他 / 她渡过难关。

A. 完全不符合　　B. 不符合　　C. 没意见

D. 符合　　E. 完全符合

5. 和他 / 她的关系不太对劲时，我的身体就会不舒服。

A. 完全不符合　　B. 不符合　　C. 没意见

D. 符合　　E. 完全符合

6. 我试着不给他 / 她明确的承诺。

A. 完全不符合　　B. 不符合　　C. 没意见

D. 符合　　E. 完全符合

1　本量表由心理学家亨德里克等人（Hendrick & Hendrick，1993，2003）依据李 · 约翰的爱情类型理论编制而成。

7. 在选择他 / 她之前，我会先试着仔细规划我的人生。

A. 完全不符合　　B. 不符合　　C. 没意见

D. 符合　　E. 完全符合

8. 我宁愿自己痛苦，也不愿意让他 / 她受苦。

A. 完全不符合　　B. 不符合　　C. 没意见

D. 符合　　E. 完全符合

9. 失恋时，我会十分沮丧，甚至会有自杀的念头。

A. 完全不符合　　B. 不符合　　C. 没意见

D. 符合　　E. 完全符合

10. 我相信他 / 她不知道我的一些事，也不会受到伤害。

A. 完全不符合　　B. 不符合　　C. 没意见

D. 符合　　E. 完全符合

11. 我和他 / 她很来电。

A. 完全不符合　　B. 不符合　　C. 没意见

D. 符合　　E. 完全符合

12. 我需要先经过一阵子的关心和照顾，才有可能产生爱情。

A. 完全不符合　　B. 不符合　　C. 没意见

D. 符合　　E. 完全符合

13. 我和他 / 她最好有相似的背景。

A. 完全不符合　　B. 不符合　　C. 没意见

D. 符合　　E. 完全符合

14. 有时候，我得防范他 / 她发现我还有其他情人。

A. 完全不符合　　B. 不符合　　C. 没意见

D. 符合　　E. 完全符合

15. 我和他 / 她的亲密行为是很热情且很令我满意。

A. 完全不符合　　B. 不符合　　C. 没意见

D. 符合　　E. 完全符合

16. 我有时会因为想到自己正在谈恋爱而兴奋得睡不着觉。

A. 完全不符合　　B. 不符合　　C. 没意见

D. 符合　　E. 完全符合

17. 我可以很容易、很快地忘掉过往的恋情。

A. 完全不符合　　B. 不符合　　C. 没意见

D. 符合　　E. 完全符合

18. 他 / 她如何看待我的家人是我选择他 / 她的主要考量。

A. 完全不符合　　B. 不符合　　C. 没意见

D. 符合　　E. 完全符合

19. 我希望和曾经相爱的他 / 她是永远的朋友。

A. 完全不符合　　B. 不符合　　C. 没意见

D. 符合　　E. 完全符合

20. 当他 / 她不注意我时，我会全身不舒服。

A. 完全不符合　　B. 不符合　　C. 没意见

D. 符合　　E. 完全符合

21. 我和他 / 她的爱情关系是最理想的，因为是由长久的友谊发展而成的。

A. 完全不符合　　B. 不符合　　C. 没意见

D. 符合　　E. 完全符合

22. 我觉得我和他 / 她是天生一对。

A. 完全不符合　　B. 不符合　　C. 没意见

D. 符合　　E. 完全符合

23. 自从和他 / 她谈恋爱后，我很难专心在其他任何事情上。

A. 完全不符合　　B. 不符合　　C. 没意见

D. 符合　　E. 完全符合

24. 他 / 她将来会不会是一个好父亲 / 母亲是我选择他 / 她的一个重要因素。

A. 完全不符合　　B. 不符合　　C. 没意见

D. 符合　　E. 完全符合

25. 除非我先让他 / 她的关系快乐，否则我不会感到快乐。

A. 完全不符合　B. 不符合　C. 没意见

D. 符合　E. 完全符合

26. 如果他 / 她知道我和其他人做了某些事，他 / 她会不高兴。

A. 完全不符合　B. 不符合　C. 没意见

D. 符合　E. 完全符合

27. 我和他 / 她的感情、亲密行为进展得很快。

A. 完全不符合　B. 不符合　C. 没意见

D. 符合　E. 完全符合

28. 我和他 / 她的友情随着时间逐渐转变为爱情。

A. 完全不符合　B. 不符合　C. 没意见

D. 符合　E. 完全符合

29. 当他 / 她太依赖我时，我会想和他 / 她疏远一些。

A. 完全不符合　B. 不符合　C. 没意见

D. 符合　E. 完全符合

30. 我通常愿意牺牲自己的愿望，达成他 / 她的愿望。

A. 完全不符合　B. 不符合　C. 没意见

D. 符合　E. 完全符合

31. 我和他 / 她的爱情是一种深刻的友情，而不是一种很神秘的感情。

A. 完全不符合　B. 不符合　C. 没意见

D. 符合　E. 完全符合

32. 他 / 她可以任意使用我的东西。

A. 完全不符合　B. 不符合　C. 没意见

D. 符合　E. 完全符合

33. 我和他 / 她非常了解彼此。

A. 完全不符合　B. 不符合　C. 没意见

D. 符合　E. 完全符合

34. 当我怀疑他 / 她和其他人在一起时，我无法放松。

A. 完全不符合　B. 不符合　C. 没意见

D. 符合　E. 完全符合

35. 他 / 她如何看待我的职业会是我选择他 / 她的一个考量。

A. 完全不符合　B. 不符合　C. 没意见

D. 符合　E. 完全符合

36. 他 / 她的外貌符合我的理想标准。

A. 完全不符合　B. 不符合　C. 没意见

D. 符合　E. 完全符合

37. 我享受和他 / 她及一些不同的情人玩爱情游戏。

A. 完全不符合　B. 不符合　C. 没意见

D. 符合　E. 完全符合

38. 当他 / 她对我发脾气时，我仍然全心全意、无条件地爱他 / 她。

A. 完全不符合　B. 不符合　C. 没意见

D. 符合　E. 完全符合

39. 在和他 / 她深入交往之前，我会试着了解他 / 她是否有良好的遗传基因。

A. 完全不符合　B. 不符合　C. 没意见

D. 符合　E. 完全符合

40. 为了他 / 她，我愿意忍受任何事情。

A. 完全不符合　B. 不符合　C. 没意见

D. 符合　E. 完全符合

41. 如果他 / 她忽视我一阵子，我会做出一些傻事来吸引他 / 她的注意力。

A. 完全不符合　B. 不符合　C. 没意见

D. 符合　E. 完全符合

42. 我和他 / 她的爱情关系是最令人满意的，因为是由良好的友情发展而来的。

A. 完全不符合　B. 不符合　C. 没意见

D. 符合　E. 完全符合

爱情类型	题目	说明
浪漫型	1，7，13，19，25，31，37	最注重的是对方的外表和身体的接触：只要是好看的，就容易跟对方坠入情网
游戏型	2，8，14，20，26，32，38	视爱情为游戏，爱情的关系短暂，经常更换对象，承诺在这种类型的人身上几乎看不到
同伴型	3，9，15，21，27，33，39	感情发展细水长流，平静而祥和，通常刚开始时都只是好朋友的关系，后来才慢慢从相知友谊发展成爱情
现实型	4，10，16，22，28，34，40	这种类型的人选择对象以理性条件的考虑为主，诸如教育背景、经济能力、社会地位、共同兴趣等
占有型	5，11，17，23，29，35，41	这种人占有欲和嫉妒心强烈，关系也有如风暴，起伏不定，对方一点爱意的表示就会让他狂喜，一点点降温或关系出现一点小问题就痛苦不已
奉献型	6，12，18，24，30，36，42	与占有型相反，这种类型的人为爱人完全付出自己，关心对方而不求回报。这种人极有耐心、不要求对方，甚至不嫉妒

所有题选项 A—E 赋分分别为 1~5 分。记录下每一题的得分，算出各种爱情类型的得分，得分最高的即为你在爱情中最突出的向度。

温馨提示：爱情拥有各种向度，某项得分最高，但不代表受测者没有其他类型的特质，一般与高分数项越接近，你的恋爱类型倾向性就越高。

参考文献

[1] 费尔德曼. 发展心理学：人的毕生发展［M］. 6版. 苏彦捷，邹丹，译. 北京：世界图书出版社，2013.

[2] 戈特曼，西尔弗. 爱的博弈：建立信任、避免背叛与不忠［M］. 刘昱含，穆君，伏维，译. 杭州：浙江人民出版社，2023.

[3] 于建江. 逆用“木桶理论”：心理学的视角［J］. 现代教育，2011（4）：13–14.

[4] 王晓娇. 父母应学会像福尔摩斯一样思考［J］. 中小学心理健康教育，2022（14）：66–67.

[5] 李杰. 抑郁症患者心理弹性、社会支持与生活质量相关性研究［J］. 精神医学杂志，2016，29（4）：259–262.

[6] 墨非. 与自己和解：做自己的心灵疗愈师［M］. 北京：中国华侨出版社，2018.

[7] 戈特曼，西尔弗. 幸福的婚姻：男人与女人的长期相处之道［M］. 刘小敏，译. 杭州：浙江人民出版社，2014.

[8] 李中莹. 李中莹亲密关系全面技巧［M］. 升级版. 北京：北京联合出版有限责任公司，2015.

[9] 宋玲玲，吴静，苏普玉. 青少年抑郁的环境可控性因素［J］. 中国学校卫生，2022，43（2）：312–315.

[10] 李泽钧，刘守桓，石雪雯，等. 儿童青少年抑郁症诊断与治疗进展［J］. 中国妇幼保健，2020，35（14）：2732–2734.

[11] 赵绘. 5~6岁儿童社交焦虑与儿童气质类型的关系的研究［D］. 天津：

天津师范大学，2013.

［12］ 贾得焕，李幼辉，李妍，等．儿童、少年强迫症的临床特点分析［J］．中国实用医刊，2018（4）．

［13］ 李占江．强迫症研究中值得重视的三个方面［J］．中华精神科杂志，2018（5）：285–286.

［14］ 张静，沈红艳，江文庆，等．人际心理治疗对青少年焦虑障碍患者的临床疗效［J］．国际精神病学杂志，2023（1）：60–64.

［15］ 邓开琴，袁贤明，胡利姣，等．统合性心理护理干预在青少年焦虑障碍患者中的应用［J］．中国护理管理，2023（2）：195–199.

［16］ 莫夸耀．认知行为疗法在广泛性焦虑障碍青少年患者中的应用［J］．中国医学创新，2022（34）：169–173.

［17］ 古田．青少年网络成瘾：现状、影响因素及预防对策［J］．中小学心理健康教育，2021（17）：52–53.

［18］ 罗辉萍，彭阳．青少年网络成瘾与家庭环境、依恋的关系研究［J］．中国临床心理学杂志，2008（3）：319–320，336.

［19］ 符丽萍．强迫症的发病原因［J］．世界最新医学信息文摘，2019，19（5）：79.

［20］ 海．生命的重建：冥想篇［M］．北京：中信出版社，2011.

［21］ 亚隆，亚隆．生命的礼物：关于爱死亡及存在的意义［M］．童慧琦，丁安睿，秦华，译．北京：机械工业出版社，2023.

［22］ 郑千屿．爱与被爱的功课：了解爱的五种语言［J］．大众心理学，2023（4）：29，25.

［23］ 查普曼．爱的五种语言［M］．王云良，译．北京：中国轻工业出版社，2006.

［24］ 贝雅夫．爱的能力如何在现代得以复生？［J］．光彩，2023（12）：65.

［25］ 罗利，杨东．爱的能力量表汉化和信效度检验［J］．西南师范大学学报（自然科学版），2021（11）：31–37.

[26] 王春芳.用“爱的五种能力”解密家长约谈[J].早期教育，2021(6)：30–31.

[27] 施塔，卡拉特.情绪心理学 [M].2版.周仁来，等译.北京：中国轻工业出版社，2015.

[28] 德韦克.终身成长[M].楚祎楠，译.南昌：江西人民出版社，2017.

[29] 《全国家庭教育状况调查报告(2018)》权威发布 [J].中小学心理健康教育，2018(30)：79–81.

[30] 罗杰斯.论人的成长[M].石孟磊，等译.北京：世界图书北京出版公司，2015.

[31] 阿德勒，普罗科特.沟通的艺术：看入人里，看出人外 [M].插图修订第14版.黄素菲，李恩，译.北京：世界图书出版公司北京公司，2015.

[32] Rogers，Carl R..The necessary and sufficient conditions of therapeutic personality change [J].Journal of Consulting Psychology，1957，21(2).

[33] 乔潮.殷切的期望：读皮格马利翁效应的感悟[J].教育实践与研究，2013(1)：18–19.

[34] 德韦克.看见成长的自己[M].杨百彦，乔慧存，杨馨，译.北京：中信出版社，2011.

[35] 许维素.创造改变的动能：赞美的充分运用[J].心理技术与应用，2015(2)：44–48.

[37] 冯建琴，叶素莲，张旭丽.简述亲子沟通的重要性及良好沟通的要素[C]// 中国心理卫生协会.中国心理卫生协会第五届学术研讨会论文集.浙江省乐清市人民医院心理科，乐清镇实验中学，浙江省乐清市人民医院，2007：1.

[38] 王玉龙，苏慧娟.青少年抑郁与自伤关系的追踪研究：亲子沟通的调节作用 [J].心理科学，2022，45(5)：1243–1250.

[39] 李昊，张卫，喻承甫，等.中小学生亲子沟通的现状、问题及对策：

基于 4528 名中小学生亲子沟通现状的实证研究 ［J］. 中小学德育，2022（7）：22–26，29.

［40］ 李玫瑾，贺雄飞，卢勤 . 心理抚养［M］. 上海：上海三联书店，2021.

［41］ 黄希庭 . 探究心理时间［M］. 北京：商务印书馆，2014.

［42］ 郑前英 . 家校共育视角下初中生职业生涯规划教育现状及对策研究［D］. 重庆：西南大学，2022.

［43］ 丹尼恰克，康纳斯 . 创伤与解离：创伤如何使我们成为另一个人［M］. 金舒，译 . 北京：人民邮电出版社，2023.

［44］ 塞利格曼 . 持续的幸福［M］. 颜雅琴，译 . 北京：北京联合出版公司，2022.

［45］ 弗雷德里克森 . 积极情绪的力量［M］.10 周年纪念版 . 王珺，译 . 北京：中国纺织出版社，2021.

图书在版编目（CIP）数据

生命的主人：家庭教育幸福课/李章红，王惠冰主编. --重庆：重庆大学出版社，2024.8. --ISBN 978-7-5689-4735-0

Ⅰ.G78

中国国家版本馆CIP数据核字第2024AS9856号

生命的主人：家庭教育幸福课
SHENGMING DE ZHUREN: JIATING JIAOYU XINGFUKE

主编：李章红　王惠冰
副主编：盛兴兰　何自容
策划编辑：王　斌
责任编辑：赵艳君　　版式设计：敬　京
责任校对：关德强　　责任印制：赵　晟

*

重庆大学出版社出版发行
出版人：陈晓阳
社址：重庆市沙坪坝区大学城西路21号
邮编：401331
电话：（023）88617190　88617185（中小学）
传真：（023）88617186　88617166
网址：http：//www.cqup.com.cn
邮箱：fxk@cqup.com.cn（营销中心）
全国新华书店经销
重庆升光电力印务有限公司印刷

*

开本：720mm×1020mm　1/16　印张：13.5　字数：215千
2024年8月第1版　2024年8月第1次印刷
ISBN 978-7-5689-4735-0　定价：52.00元

本书如有印刷、装订等质量问题，本社负责调换
版权所有，请勿擅自翻印和用本书
制作各类出版物及配套用书，违者必究